WIRTSCHAFTSDEUTSCH

FÜR ANFÄNGER

Grundstufe

von

Dominique Macaire und Gerd Nicolas

Ernst Klett Verlag – Edition Deutsch

Stuttgart München Düsseldorf Leipzig

Quellennachweis: Abbildungen

S.   9: Fotos: Siemens AG, München
S. 11: Fotos: Jörg Cassardelli, München
S. 17: Fotos: Jörg Cassardelli, München
S. 22: Fotos: Jörg Cassardelli, München
S. 31: Foto (oben, links): Messe Frankfurt/Stettin; Fotos (Mitte u. unten): MMG/Loske, München; Geländeplan: AMK, Berlin
S. 35: Foto: Messe München/Loske
S. 50: Foto: Messe Düsseldorf
S. 56: Foto: Jörg Cassardelli, München
S. 57: Foto: Deutsche Messe AG, Hannover
S. 62: Schaubild: nach Globus Kartendienst 2779
S. 73: Fotos: Siemens AG, München
S. 78: Foto: Siemens AG, München
S. 107: Foto (oben, links): BMW AG, München; Foto (oben, rechts): Deutsche Lufthansa AG; Foto (unten, links): Henkel KGaA, Düsseldorf-Holthausen; Foto (unten, rechts): MAN AG, München
S. 108: Foto: MAN AG, München
S. 111: Abbildung nach Erich Schmidt Zahlenbilder, Berlin
S. 113: Foto: BASF AG, Ludwigshafen
S. 119: Foto: Polizeipräsidium München
S. 120: Fotos: Jörg Cassardelli, München
S. 121: Stadtplan: KOMPASS-KARTEN, H. Fleischmann GmbH u. Co, München
S.129/133: Karten: Kartographie Huber, München
S. 141: Foto: Vorderwülbecke, Schwetzingen
S. 151: Foto (oben, links): Siemens AG, München; Foto (Mitte, rechts u. links): Bilderdienst Süddeutscher Verlag; Fotos (unten): Jörg Cassardelli, München
S.154/157/158: Fotos und Bestellschein: DMC GmbH, Leonberg
S.169: Foto: Siemens AG, München
S.181: Fotos: Sport-Scheck Reisen, München
S.183: Fotos (oben): Marion Umbreit; Fotos (Mitte u. unten): Jörg Cassardelli, München
S. 188: Cartoon: Oswald Huber, Cartoon-Caricature-Contor, München
S. 197: Fotos: Deutsche Lufthansa AG, München
S. 198: Foto: Marion Umbreit
S. 201: Fotos: Deutsche Lufthansa AG/Gerd Rebenich, München
S. 203: Emblem: Sicherheitsreport/Verwaltungs-Berufsgenossenschaft, Hamburg
S.210/212/221: Zeichnungen: Harald Vorbrugg, München

Quellennachweis: Texte

S. 57: Informationstext: Deutsche Messe AG, München
S. 91: Organigramm: Industrie- und Handelskammer für München und Oberbayern
S. 95: Firmen-Telegramm: Frankfurter Rundschau, 2./3./4.7.1990
S. 104: Werbeanzeige: Norddeutsche Landesbank, Hannover; Bienek, Horst: Klatsch am Sonntagmorgen. Aus: Die Meisengeige. Zeitgenössische Nonsensverse. Gesammelt und herausgegeben von Günter Bruno Fuchs. © 1964 Carl Hanser Verlag, München/Wien
S. 111: Text nach Erich Schmidt Zahlenbilder, Berlin
S. 146: Schutting, Julian: Sprachführer. Aus: Sistiana. Erzählungen, © 1976 Residenz Verlag, Salzburg/Wien
S.152/153/155/157/158: Katalogtexte: DMC GmbH, Leonberg
S. 159: DIN-Formate: DMC GmbH, Leonberg
S. 163: Tischkopierer im Vergleich: DM 3/88
S. 164: Tabelle mit Kopierermodellen: DM 3/88
S. 180: Schutting, Julian: Sprachführer. Aus: Sistiana. Erzählungen, © 1976 Residenz Verlag, Salzburg/Wien
S. 181: Beschreibungen der Hotels: Sport-Scheck Reisen, München
S. 184: Werbeanzeige: Hebel AG, Fürstenfeldbruck
S. 186: Lufthansa Informationen: Deutsche Lufthansa AG, Frankfurt
S. 194: Werbeanzeige: NOKIA Mobile Phones GmbH, Düsseldorf
S. 195: Werbeanzeige: AEG Mobile Communication GmbH, Ulm
S. 196: Werbeanzeige: Ericsson Mobiltelefone GmbH
S. 201: Lufthansa Informationen, Deutsche Lufthansa AG
S. 204: GFW Duisburg
S. 205: AWB Linz, Österreich
S. 207: Steinmetz, Rudolf: Konjugation. Aus: Rudolf Otto Wiemer (Hg.) Bundesdeutsch. © Peter Hammer Verlag Wuppertal, 1974
S. 209: Garbe, Burckhard: für sorge. Aus: Rudolf Otto Wiemer (Hg.) Bundesdeutsch. © Peter Hammer Verlag Wuppertal, 1974
S. 211: Hohler, Franz: Der Verkäufer und der Elch. Aus: Dieter Stöpfgeshoff (Hg.) Kontakt mit der Zeit, 1976 erschienen im Sveriges Radio förlag, © Franz Hohler
S. 220: Schutting, Julian: Sprachführer. (gekürzt) Aus: Sistiana. Erzählungen, © 1976 Residenz Verlag, Salzburg/Wien
S. 220: Karte: Alles was mir auf der Welt gefällt ... © Rahmel-Verlag GmbH, Pulheim

Trotz intensiver Bemühungen konnten nicht alle Inhaber von Text- und Bildrechten ausfindig gemacht werden. Für entsprechende Hinweise ist der Verlag dankbar.

Dieses Werk folgt der reformierten Rechtschreibung und Zeichensetzung.
Ausnahmen bilden Texte, bei denen künstlerische, philologische oder lizenzrechtliche Gründe einer Änderung entgegenstehen.

1. Auflage 1 [6 5 4 3] | 1999 98 97

Alle Drucke dieser Auflage können im Unterricht nebeneinander benutzt werden,
sie sind untereinander unverändert.
Die letzte Zahl bezeichnet das Jahr des Druckes.

© Ernst Klett Verlag GmbH, Stuttgart 1995
Alle Rechte vorbehalten.
Zeichnungen: Dominique Cantais, Montlhéry, Frankreich
Umschlagfoto: IFA-Bilderteam, Taufkirchen bei München
Satz Hans Buchwieser GmbH, München
Druck: Ludwig Auer GmbH, Donauwörth · Printed in Germany

ISBN 3-12-675128-8

INHALTSVERZEICHNIS

LEKTION	TEXTE	LEXIK	SPRECH-HANDLUNGEN	GRAMMATIK	PHONETIK
3 **Unter-nehmen** Seite 73	Fachsprachliche Dialoge: Gespräch über Lie-ferfristen; Neue Tätigkeitsbereiche Lesetexte: Visitenkarten; Zei-tungsüberschriften; Schaubild: Hoch-schulabsolventen; Organigramm der Industrie- und Han-delskammer; Be-kanntmachung: Personalverände-rung; Zeitungsarti-kel: Firmen-Tele-gramm Allgemeinsprachli-che Dialoge: Taxibestellung; Im Gasthaus; An der Hotelbar; Im Café	Titel und Funktionen; Buchstabiertafel; Bruchteile	telefonieren (Ver-bindung mit Tele-fonzentrale/Vor-zimmer); buchstabieren; nachfragen; begrüßen; um Erlaubnis bitten; Grüße bestellen; sich verabschie-den	Bildung des Partizips II; Passiv (3. Pers. Sg. und Pl.); trennbare Verben; Präposition (von/vom/von der); Pronomen: (k)ei-ne, (k)einer, (k)ei-nes, welche (Nom., Akk.); Konjugation Prä-sens (3); Reflexivprono-men/reflexive Ver-ben; Imperativ; Präpositionen (ab, seit); Perfekt	Diphthonge
4 **Branchen Anbieter Abnehmer** Seite 107	Fachsprachliche Dialoge: Telefonische Aus-kunft; Auskunft über eine Firma Lesetexte: Katalogauszüge: Luftfahrtindustrie; Firmeninformation; Lexikontext: Kon-zerne; Produktpa-lette: Chemische Industrie; Bran-chenverzeichnis: Herstellerfirmen von Bürobedarf Hörtexte: Wegbeschreibung Allgemeinsprach-liche Dialoge: Auskunft S-Bahn; Auskunft Bus; Im Bus; Im Taxi	Branchen und Pro-dukte; Adjektiv-antonyme; europäische Städtenamen; Ländernamen; Nationalitäten; deutsche Bundes-länder und ihre Hauptstädte; Flüsse in Deutsch-land; Verwandtschafts-bezeichnungen	Wege beschrei-ben; gute Wünsche; gratulieren	Passiv; Wortbildung: zusammengesetzte und abgeleitete Wörter; Modalverben; Verben mit Dativ- und Akkusativ-ergänzung; Situativ- und Direk-tivergänzungen; nicht/kein; Demonstrativpro-nomen; Adjektivdeklination; stehen/stellen, liegen/legen, hängen; Wechselpräpo-sitionen	Konsonan-ten: r/l; Konso-nanten: m/n/ng/nk
Test 3/4					Seite 149

LEKTION	TEXTE	LEXIK	SPRECH-HANDLUNGEN	GRAMMATIK	PHONETIK
5 **Produkte** Seite 151	Fachsprachliche Dialoge: Bestellung von Büromaterial; Informationen über ein Produkt; Gespräch zwischen Kunde und Verkäufer Lesetexte: Katalog: Büromaterial; Bestellkarte; Tischkopierer im Vergleich; Werbetexte: Produktinformationen und Leistungen (Nutzfahrzeuge) Allgemeinsprachliche Dialoge: Telefonauskunft; Tischreservierung; Zimmerreservierung; Im Clubhaus	Bürobedarf; Zeichen, Buchstaben, Zahlen; DIN-Formate; Zeitangaben (Anfang, Mitte, Ende, binnen ...); Kundenwünsche und Empfehlungen; Abkürzungen	etwas bestellen; etwas empfehlen; telefonieren (Personen identifizieren/nachfragen); jemanden um etwas bitten	Satzstellung in Nebensätzen; Subordinierende Konjunktionen (dass, wenn, weil); Indirekte Fragesätze; bestimmter und unbestimmter Artikel; Genitiv; Possessivpronomen (Nom., Akk., Dat., Gen.); Präsens der Verben mit Vokalwechsel; jemand/niemand; je(mals)/nie-(mals); irgendwo/nirgendwo (nirgends); Situativ- und Direktivbestimmungen	Konsonant: h, Knacklaut
6 **Werbung** Seite 183	Fachsprachliche Dialoge: Werbekampagne; Produktvorstellung Lesetexte: Werbeanzeigen; Literatur: Der Verkäufer und der Elch Hörtexte: Werbespots Allgemeinsprachliche Dialoge: Ankunft im Hotel; Problem mit dem Zimmer; An der Hotelbar (1) und (2)	Wortbildung: Wörter mit „Werbe-"; Zeitangaben; Feiertage; Freizeitaktivitäten; Maßeinheiten und ihre Abkürzungen	etwas beschreiben; etwas vergleichen	Wortbildung: abgeleitete Wörter; Komparation; Präpositionen mit dem Dativ; Präpositionen mit dem Akkusativ; Temporalangaben; Konjugation Präsens (4): 2. Pers. Sg. und Pl.; Personal- und Possessivpronomen (2. Pers. Sg. und Pl.); Präteritum	Konsonanten: b-p, d-t, g-k
Test 5/6					Seite 223

Register   Seite 225

Zur Konzeption von „Wirtschaftsdeutsch für Anfänger" Grund- und Aufbaustufe

Zielgruppe Berufstätige, die in ihrem eigenen Land häufig Kontakte mit deutschen Partnern im Bereich der Wirtschaft haben und/oder für eine befristete Zeit im deutschsprachigen Raum tätig sein werden (lower, middle und higher Management, aber auch Sekretärinnen und Sachbearbeiter) sowie Studenten und Studentinnen, die sich auf derartige Tätigkeitsfelder vorbereiten.

Einstiegsniveau Keine oder sehr geringe Deutschkenntnisse.

Für Lernende ohne Deutschkenntnisse bietet Lektion 1 einen eher allgemeinsprachlich orientierten Einstieg. Lernende mit Vorkenntnissen können – je nach Kenntnisstand – direkt mit Lektion 2 oder auch Lektion 3 beginnen.

Lehrwerkteile Das Lehrwerk besteht aus zwei Bänden mit jeweils

- einem integrierten **Lehr- und Arbeitsbuch;**
- zwei **Kassetten,** die alle Dialoge, Sprechübungen, Aussprache- und Intonationsübungen sowie die anderen mit dem Piktogramm [▭] gekennzeichneten Teile enthalten;
- **Selbstlernerhandbüchern** in verschiedenen Sprachen, die die Übersetzungen aller Texte und Übungen, Lösungen der Übungen, Transkripte der Hör- und Sprechübungen auf Kassette sowie zusätzliche Hinweise für Selbstlerner enthalten;
- einem **Lehrerhandbuch** mit unterrichtspraktischen Hinweisen, Lösungen der Übungen, Transkripten der Hör- und Sprechübungen auf Kassette.

Lernziele Die Lerner sollen insbesondere befähigt werden,

- Texte aus der Berufssprache und der öffentlichkeitsorientierten Fachsprache zu verstehen,
- mit deutschsprachigen Partnern im fachsprachlichen Bereich zu kommunizieren und
- Alltagssituationen, die für ausländische Geschäftsreisende bzw. für kurzfristig in Deutschland beschäftigte Ausländer besonders relevant sind, sprachlich zu bewältigen.

Zeitlicher Umfang Das Lehrwerk ist auf ca. 120 Unterrichtsstunden je Band konzipiert.

Themenbereiche Die Themenbereiche der Grundstufe sind: Kontaktaufnahme, Messen, Unternehmen, Branchen/Anbieter/Abnehmer, Produkte, Werbung.
Die Themenbereiche der Aufbaustufe sind: Post/Telekom, Banken, Transportwesen, Wirtschaftsnachrichten/Geschäftsberichte/Bilanzen, Personalpolitik/Mitbestimmung/Fortbildung, Arbeitsmarkt/Lebenslauf/Bewerbungen.

Textsorten Das Lehrwerk beinhaltet:
- fachsprachliche Dialoge,
- allgemeinsprachliche Dialoge,
- authentische fachsprachliche Texte (Zeitungsartikel, Schaubilder, Statistiken, Werbeanzeigen/Werbespots, Auszüge aus Informationsschriften, Prospekte, Formulare, Visitenkarten, innerbetriebliche Mitteilungen, Kataloge, Inhaltsverzeichnisse, Organigramme),
- humoristische Texte, konkrete Poesie sowie literarische Texte.

| **Aufbau** | Die Lektionen sind jeweils in fünf Funktionsteile untergliedert: |

A Einstieg in das Thema über authentische Texte aus der Berufspraxis (Visitenkarten, Kataloge, Werbeanzeigen usw.) mit anschließendem Arbeitsteil

B fachsprachliche Dialoge mit darauf aufbauenden Übungen

C weiterführende Sach- und Fachtexte mit Übungen

D allgemeinsprachliche Dialoge

E humoristische Texte, Übungen zu Aussprache und Intonation, Denksportaufgaben und Rätsel.

| **Methodisch-didaktische Aspekte** | Die Lehrwerktexte beziehen sich auf verschiedene Branchen sowie auf Firmen unterschiedlicher Größenordnungen. |

Die *authentischen Lesetexte* dienen der systematischen Entwicklung von Lesestrategien. Globales, selektives und detailliertes Lesen wird unter Einbeziehung von Lesehilfen und sehr vielfältigen LV-Kontrollübungen geschult. Über die jeweilige präzise Aufgabenstellung hinaus dienen die Lesetexte durchgehend auch der gezielten Einführung von Fachlexik. Unbekannte Strukturen werden im anschließenden Arbeitsteil systematisierend aufgenommen, sofern diese für das Textverständnis von zentraler Bedeutung sind.

Die *fachsprachlichen Dialoge* bilden keinen durchgehenden Handlungsstrang, sondern umfassen Personen in verschiedenen Unternehmen, in verschiedenen hierarchischen Positionen und unterschiedlicher Nationalität. Sie dienen der Vermittlung von geläufigen Strukturen und Redemitteln in der mündlichen, berufsfeldübergreifenden fachsprachlichen Kommunikation. Ein Teil der verwendeten Strukturen und Redemittel wird anschließend durch Sprechübungen, Grammatikübersichten, Strukturübungen und Zusammenstellungen von Redemitteln systematisch geübt und erweitert.

Ganz abgesehen davon, dass sich – auch im gesprochenen Deutsch – die Fachsprache nicht ohne Rückgriff auf die Allgemeinsprache erlernen lässt, spielen bei Kontakten mit deutschen Geschäftspartnern, Arbeitskollegen usw., sei es in Deutschland oder im Ausland, Alltagssituationen und der Smalltalk eine wesentliche Rolle. Dem Erwerb einer sprachlicher Kompetenz in diesem Bereich dienen die *allgemeinsprachlichen Dialoge* des D-Teils. Sie umfassen Themen bzw. Situationen wie zum Beispiel Einladungen, Bus, Bahn, Taxi, Bar, Restaurant, Hotel, Sport usw.

Am Ende einer jeden Lektion wird fachsprachliches Schlüsselvokabular in spielerischer Form – als Wörterrätsel – wieder aufgegriffen.

Die *Grammatikprogression* ist auf die Erfordernisse der Fachsprache abgestimmt. So wird zum Beispiel das Passiv sehr früh eingeführt, während die zweite Person (du/ihr) erst viel später folgt. Im Lehrbuch werden die grammatischen Strukturen überwiegend in Form von Übersichten dargestellt, die als Ausgangsbasis für die anschließenden Übungen dienen.

Nach jeweils zwei Lektionen erhält der Lerner die Möglichkeit anhand eines *Tests* selbst zu überprüfen, ob und inwieweit er die behandelte Lexik und Grammatik beherrscht.

Das Lehrwerk kann kurstragend eingesetzt werden. Es ist darüber hinaus auch für *Selbstlerner* konzipiert. Aktivitäten, die nur oder besser innerhalb eines Gruppenunterrichts durchgeführt werden, sind mit dem Piktogramm ⬡ gekennzeichnet.

Piktogramme

Folgende Piktogramme werden im Lehrwerk benutzt:

 Sie können die Lösung direkt in das Lehrbuch an den dafür vorgesehenen Stellen eintragen.

 Arbeiten Sie mit der Kassette.

 Hierzu findet sich ein Hinweis in den Selbstlernerhandbüchern.

 Benutzen Sie gegebenenfalls ein Wörterbuch.

 Diese Übung ist für den Gruppenunterricht gedacht und kann vom Selbstlerner nur in abgewandelter Form durchgeführt werden.

Lektion 1

Kontakt aufnehmen

Anmeldung

1 Lesen Sie das Anmeldeformular und unterstreichen Sie alle Wörter, die Sie verstehen.

ANMELDEFORMULAR	Zimmer-Nr.	Ankunft	Voraussichtliche Aufenthaltsdauer
HOTEL EUROPA KÖLN	Pers.-Zahl	Abreise	

Herr / Frau / Fräulein	Name *Oppermann*	Vorname *Barbara*
Geburtsort *Berlin*	Geburtsdatum *23.04.1961*	Staatsangehörigkeit *deutsch*
Adresse *40237* Postleitzahl	Wohnort *Düsseldorf*	Straße, Hausnummer *Schillerstr. 8*
Beruf *Ingenieurin*	*B. Oppesmann* Unterschrift	

2 Ergänzen Sie das Anmeldeformular mit den Angaben aus dem Schüttelkasten.

ANMELDEFORMULAR	Zimmer-Nr.	Ankunft	Voraussichtliche Aufenthaltsdauer
HOTEL EUROPA KÖLN	Pers.-Zahl	Abreise	

(Herr) / Frau / Fräulein	Name	Vorname
Geburtsort *Hamburg*	Geburtsdatum	Staatsangehörigkeit
Adresse Postleitzahl	Wohnort	Straße, Hausnummer
Beruf	Unterschrift	

Wolfgang
11.08.1950
Schubertstraße 14
deutsch
Solingen
42719
~~Hamburg~~ Speier
Informatiker

3

Ergänzen Sie mit Ihren Daten.

Name: _____

Vorname: _____

Straße, Hausnummer: _____

Postleitzahl/Wohnort: _____

Spielen Sie die Szenen in der Klasse.

4

Beispiel 1: △ *Mein Name ist Peter Langer.*
● *Ich bin Maria Burger.*

△ Mein Name ist ...
● Ich bin ...

Beispiel 2: △ *Wie heißen Sie?*
● *Mein Name ist Hans Niemann.*

△ Wie heißen Sie?
● Mein Name ist ...

Hotelzimmer

△ Hotel Europa, guten Tag!

● Speier, guten Tag! Haben Sie ein Einzelzimmer frei?

△ Für eine Nacht?

● Ja. Vielleicht auch zwei.

△ Moment bitte, … ja. Wie ist Ihr Name bitte?

● Speier.

△ Mit e-y?

● Nein, mit e-i!

△ Vielen Dank, Herr Speier. Auf Wiederhören!

● Auf Wiederhören!

Alphabet

Hören Sie und wiederholen Sie.

a	A	j	J	s	S
ä	Ä	k	K	ß	SS
b	B	l	L	t	T
c	C	m	M	u	U
d	D	n	N	ü	Ü
e	E	o	O	v	V
f	F	ö	Ö	w	W
g	G	p	P	x	X
h	H	q	Q	y	Y
i	I	r	R	z	Z

5

Spielen Sie die Szene in der Klasse.

Beispiel: △ *Mein Name ist Igoudjil.*
● *Wie schreibt man das?*
△ *I-G-O-U-D-J-I-L*

△ *Mein Name ist ...*
● *Wie schreibt man das?*
△ *...*

6

Hören Sie die Dialoge und schreiben Sie die Familiennamen.

Ikachaden

_____

_____

_____

_____

7

Buchstabieren Sie die Namen.

Beispiel: Oppermann – O-p-p-e-r-m-a-n-n

1. Speier
2. Hübner
3. Wolters
4. Schäfer
5. Biermann

6. Sickinger
7. Meißner
8. Hartmann
9. Schmitz
10. Niemeyer

8

Familiennamen

Sommer	Wolters	Schmitz	Kaiser	Braun	Schäfer
Weber	Schneider	Müller	Schulte	Krause	Schwarz
Huber	Leber	Franke	Meier	Hartmann	Peters
Strauß	Adler	Weiß	Albers	Mayer	Biermann
Jung	Wagner	Berger	Martin	Becker	Vogt
Vogel	Klein	Bauer	Wolf	Kaufmann	Oppermann

Vornamen

♀ | ♂

Helga
Maria
Brigitte
Inge
Elke
Doris
Margret
Sabine
Anna
Ulrike
Monika
Ursula
Karin
Barbara
Renate

Hermann
Peter
Hans
Paul
Klaus
Wolfgang
Helmut
Georg
Rainer
Dieter
Richard
Franz
Ulrich
Manfred
Erich

9 **Spielen Sie die Szene in der Klasse.**

Beispiel: 1. △ *Monika Adler.*   2. △ *Peter Strauß.*
              ● *Guten Tag, Frau Adler!*   ● *Guten Tag, Herr Strauß!*

△ ...
● Guten Tag, ...

10 **Spielen Sie die Dialoge und ergänzen Sie.**

Beispiel: △ *Wie ist Ihr Name, bitte?*
              ● *Schmidt.*
              △ *Mit zwei „t"?*
              ● *Nein, <u>mit d-t.</u>*

1. △ Wie heißen Sie?   3. △ Wie heißen Sie, bitte?   5. △ Wie heißen Sie, bitte?
    ● Meier.   ● Mohr.   ● Francke.
    △ Mit a-y ?   △ Mit zwei „o"?   △ Mit „k"?
    ● Nein, ...   ● Nein, ...   ● Nein, ...

2. △ Wie ist Ihr Name, bitte?   4. △ Wie ist Ihr Name, bitte?   6. △ Wie ist Ihr Name, bitte?
    ● Strauß.   ● Holzer.   ● Villinger.
    △ Mit zwei „s"?   △ Mit t-z ?   △ Mit „f"?
    ● Nein, ...   ● Nein, ...   ● Nein, ...

kommen

Kommen Sie aus Großbritannien?
Nein, ich komme aus Australien.

Woher kommen Sie?
Ich komme aus Frankreich.

1. PERSON Singular		ich	komm**e**	aus	Deutschland
2. PERSON Höflichkeitsform (Singular und Plural)		Sie	komm**en**	aus	Deutschland
3. PERSON Singular – Maskulinum – Femininum	Herr Schulte → Frau Schulte →	er sie	komm**t** komm**t**	aus aus	Deutschland Deutschland

Ländernamen

Hören Sie und wiederholen Sie.

China	Russland
Kanada	Frankreich
Brasilien	Großbritannien
Argentinien	Spanien
Japan	Italien
Indien	Österreich
Australien	Deutschland

11

Bilden Sie Sätze.

12

Beispiel: Tokio / Herr Sugiyama – Herr Sugiyama kommt aus Japan.

1. Paris / Herr Dupraz
2. Rio de Janeiro / ich
3. Moskau / Herr Kawerin
4. Buenos Aires / Frau Perez
5. Peking / ich

6. London / Fräulein Oliver
7. Madrid / Herr Fernandez
8. Neu Delhi / Sie
9. Rom / Frau Rubbia
10. Toronto / Herr Manley

Hören Sie und wiederholen Sie.

13

△ Sprechen Sie Russisch?
- ● Ja, ein wenig.
- ● Ja.
- ● Nein, leider nicht.

14 **Hören Sie und wiederholen Sie.**

– Deutsch

– …

15 **In welchen Ländern spricht man folgende Sprachen? Benutzen Sie die Ländernamen aus Übung 11.**

Deutsch _____

Englisch _____

Chinesisch _____

Spanisch _____

Japanisch _____

Französisch _____

Russisch _____

Portugiesisch _____

Italienisch _____

16 **Antworten Sie.**

△ Ich spreche Spanisch und Portugiesisch und ein wenig Englisch. Und Sie?

● Ich spreche …

17 **Spielen Sie die Szene in der Klasse.**

Beispiel: △ *Guten Tag, ich heiße Peter Fulton.*

● *Guten Tag, Herr Fulton! Mein Name ist Meier.*

△ *Sprechen Sie Englisch?*

● *Nein, leider nicht. Ich spreche nur Deutsch und ein wenig Französisch.*

△ Guten Tag, ich heiße …

● Guten Tag, …! Mein Name ist …

△ Sprechen Sie …?

● Nein, leider nicht. Ich spreche nur … und ein wenig …

18 **Hören Sie und wiederholen Sie.**

1. △ Was sind Sie von Beruf, Herr Müller?
   ● Ich bin Fotograf.

2. △ Was sind Sie von Beruf, Frau Bauer?
   ● Ich bin Designerin.

Berufe

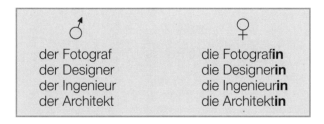

♂	♀
der Fotograf	die Fotograf**in**
der Designer	die Designer**in**
der Ingenieur	die Ingenieur**in**
der Architekt	die Architekt**in**

Hören Sie und ergänzen Sie mit den passenden Formen.

Er ist Journalist.	Sie ist ...
Sie ist Informatikerin.	Er ist ...
Sie ist Mechanikerin.	Er ist ...
Er ist Architekt.	Sie ist ...
Sie ist Technikerin.	Er ist ...
Er ist Sekretär.	Sie ist ...
Er ist Assistent.	Sie ist ...
Sie ist Direktorin.	Er ist ...
Sie ist Präsidentin.	Er ist ...

Hören Sie und wiederholen Sie.

1. △ Was sind Sie von Beruf?
   ● Ich bin noch Student.
   △ Und was studieren Sie?
   ● Mathematik.

2. △ Was machen Sie beruflich?
   ● Ich bin noch Studentin.
   △ Und was studieren Sie?
   ● Medizin.

Spielen Sie die Szenen in der Klasse.

Beispiel: △ *Was machen Sie beruflich?*
  ● *Ich bin noch Student.*
  △ *Und was studieren Sie?*
  ● *Chemie.*

△ Was machen Sie beruflich?
● Ich bin noch ...
△ Und was studieren Sie?
● ...

Beispiel: △ *Was sind Sie von Beruf?*
  ● *Ich bin Architektin!*

△ Was sind Sie von Beruf?
● Ich bin ...

An der Hotelrezeption

△ Guten Tag, mein Name ist Schneider. Ich habe ein Zimmer reserviert.

● Ja, guten Tag, Herr Schneider! Sie haben Zimmer Nummer 14.

△ Übrigens, ich bleibe bis Samstag.

● Sehr gerne. Haben Sie viel Gepäck?

△ Nein, nein. Ist Frau Krause schon da?

● Ja. Sie hat Zimmer Nummer 22.

△ Danke sehr!

● Bitte sehr!

Zahlen

null	0	dreizehn	13	sechsundzwanzig	26
eins	1	vierzehn	14	siebenundzwanzig	27
zwei	2	fünfzehn	15	achtundzwanzig	28
drei	3	sechzehn	16	neunundzwanzig	29
vier	4	siebzehn	17	dreißig	30
fünf	5	achtzehn	18	vierzig	40
sechs	6	neunzehn	19	fünfzig	50
sieben	7	zwanzig	20	sechzig	60
acht	8	einundzwanzig	21	siebzig	70
neun	9	zweiundzwanzig	22	achtzig	80
zehn	10	dreiundzwanzig	23	neunzig	90
elf	11	vierundzwanzig	24	hundert	100
zwölf	12	fünfundzwanzig	25		

Hören Sie und notieren Sie die Zimmernummern.

22

Beispiel: Zimmer Nummer 14 ___14___

Zimmer Nummer … _____

Lesen Sie laut.

23

19, 5, 4, 7, 17, 70, 6, 16, 60, 13, 0, 15, 8, 40, 23, 27, 90, 21, 3, 100

Schreiben Sie die Zahlen.

24

34 _____

48 _____

82 _____

65 _____

71 _____

59 _____

92 _____   83 _____

75 _____   33 _____

Spielen Sie die Szene in der Klasse.

25

Beispiel: △ *Wie ist Ihre Telefonnummer, bitte?*   △ Wie ist Ihre Telefonnummer, bitte?
          ● *4 28 18 06.*   ● …

Hören Sie, notieren Sie und wiederholen Sie.

26

△ Notieren Sie bitte die Telefonnummer: 1 42 08 27.
● Ich wiederhole: 1 42 08 27.

△ Notieren Sie bitte die Telefonnummer: 3 85 25 42.
● …

Vorwahlnummern

Deutschland

Berlin	0 30	Halle	03 45
Bonn	02 28	Hamburg	0 40
Bremen	04 21	Hannover	05 11
Chemnitz	03 71	Köln	02 21
Dortmund	02 31	Leipzig	03 41
Dresden	03 51	München	0 89
Duisburg	02 03	Nürnberg	09 11
Düsseldorf	02 11	Stuttgart	07 11
Essen	02 01	Wuppertal	02 02
Frankfurt/Main	0 69		

Schweiz

Basel	0 61
Bern	0 31
Genf	0 22
Zürich	01

Österreich

Graz	03 16
Linz	07 32
Salzburg	06 62
Wien	01

27 **Fragen Sie und antworten Sie.**

Beispiel: △ *Wie ist die Vorwahl von Köln?*
     ● *Die Vorwahl ist 02 21.*

- Graz?
- Stuttgart?
- Bonn?
- Basel?
- Düsseldorf?

- Dresden?
- München?
- Salzburg?
- Hamburg?
- Zürich?

- Frankfurt?
- Leipzig?
- Essen?
- Dortmund?
- Halle?

28 **Spielen Sie die Szene in der Klasse.**

Beispiel: △ *Wie ist Ihre Adresse?*
     ● *Ich wohne in Bonn, Kennedyallee 93.*

△ *Wie ist Ihre Adresse?*
● *Ich wohne in ...*

29 **Hören Sie die Adressen und wiederholen Sie sie.**

- Hannover, Adenauerplatz 4
- Leipzig, Schillerstraße 8
- Zürich, Mozartweg 13

- Berlin, Goetheallee 17
- Basel, Mariengasse 28

30 **Hören Sie und schreiben Sie die Adressen.**

△ Ich wohne Goethestraße 27.
● Wie bitte?
△ Goethestraße, G-O-E-T-H-E, Goethestraße 27.

△ Ich wohne Lisztallee 11.
● ...

31 **Fragen Sie in der Klasse.**

Name?
Woher?
Adresse?
Telefonnummer?
Beruf?
...

Ich bin ...
Ich komme aus ...
Meine Adresse ist ...
...

Konjugation Präsens (1)

Ergänzen Sie.   32

INFINITIV		kommen	wohnen	heißen	bleiben	haben
1. PERSON Singular	ich	___	___	___	___	___
2. PERSON Höflichkeitsform (Singular und Plural)	Sie	___	wohnen			___
3. PERSON Singular – Maskulinum	er	___	wohnt	___	___	hat ___
– Femininum	sie	___	wohnt	___	___	hat ___

Ergänzen Sie.   33

1. Herr Meier wohn___ in Chemnitz.
2. Wie heiß___ Sie?
3. Wie heiß___ sie?
4. Ich komm___ aus Kanada.
5. Herr Schmidt ha___ Zimmer Nummer 15.
6. Wohn___ sie in Japan?
7. Wohn___ Sie in München?
8. Ich ha___ viel Gepäck.
9. Bleib___ Sie bis Samstag?
10. Komm___ Sie aus Argentinien?
11. Ich heiß___ Wolfgang Speier.
12. Ich bleib___ drei Tage.

Ergänzen Sie die Personalpronomen.   34

1. _____ (Herr Wolters) kommt aus Düsseldorf.
2. Wohnen _____ in Österreich?
3. _____ bleibe bis Samstag.
4. Hat _____ (Frau Leber) viel Gepäck?
5. Haben _____ viel Gepäck?
6. Wie heißen _____ ?
7. _____ komme aus Bern.
8. _____ (Herr Strauß) bleibt bis Samstag.
9. _____ habe Zimmer Nummer 15.
10. _____ (Herr Schwarz) wohnt in Salzburg.

sein

1. PERSON Singular	ich **bin**
2. PERSON Höflichkeitsform (Singular und Plural)	Sie **sind**
3. PERSON Singular – Maskulinum	er **ist**
– Femininum	sie **ist**

Ergänzen Sie.   35

1. Wie _____ Ihr Name bitte?
2. Ich _____ Architekt.
3. Herr Biermann _____ Mechaniker.
4. Was _____ Sie von Beruf?
5. Er _____ Student.
6. Meine Telefonnummer _____ 47 11 13.
7. Wie _____ Ihre Adresse?
8. _____ Frau Krause schon da?
9. _____ Sie Fotografin?
10. _____ sie in Zürich?

36 **Welches Foto passt zu welchem Dialog?**

<table>
<tr><td>

△ Sie haben Zimmer
Nummer 14.

     ● Wie bitte? Ich
       verstehe Sie nicht.

△ Ihr Zimmer hat
die Nummer 14.

A
</td></tr>
</table>

△ Das ist Frau
Wagner.

     ● Angenehm!
       Mein Name ist
       Wolters.

▲ Sehr erfreut!

B

△ Guten Morgen,
Frau Kaiser!

     ● Guten Morgen, Herr
       Schäfer! Wie geht es
       Ihnen?

△ Danke, gut. Und
Ihnen?

     ● Danke, es geht.

△ Kommen Sie direkt
aus Moskau?

     ● Ja, direkt.

C

A	B	C

⇐

jemanden begrüßen

| 9:00 | 14:00 | 20:00 |

△ Guten Morgen!
● Guten Morgen, Frau Kaiser!

△ Guten Tag!
● Guten Tag, Herr Schäfer!

△ Guten Abend!
● Guten Abend Fräulein Vogt!

Spielen Sie eine Begrüßungsszene in der Klasse. Variieren Sie die Intonation.

37

sich vorstellen

△ Ich heiße Meißner.
△ Mein Name ist Meißner.
△ Ich bin Dieter Meißner.

● Angenehm.
● Sehr erfreut.

Stellen Sie sich Ihrem Nachbarn/Ihrer Nachbarin vor.

38

nachfragen

△ Sie haben Zimmer Nummer 82.

● Wie bitte?
● Entschuldigung, wie war die Zimmernummer?
● Was sagen Sie?
● Ich verstehe Sie nicht.

Ergänzen Sie den Dialog. Setzen Sie Ihren Namen ein und buchstabieren Sie ihn am Ende.

39

△ Wie heißen Sie?
● Mein Name ist _____ .
△ _____ ?
● _____ .

nicht

> Ich komme nicht .
> Ich verstehe Sie nicht .
> Er wohnt nicht *in Hamburg.*
> Er bleibt nicht *bis Samstag.*
> Er kommt nicht *aus Duisburg.*
> Ich heiße nicht *Wolters.*
> Das ist nicht *Herr Müller,* das ist Herr Braun.
> Er ist nicht *Direktor,* er ist Assistent.
> Maier, nicht *mit „ey",* mit „ai".

40 **Antworten Sie.**

Beispiel: △ *Kommen Sie aus Großbritannien?*
  ● *Nein, ich komme nicht aus Großbritannien.*

1. Bleibt er bis Samstag? _____

2. Heißt er Hermann? _____

3. Sind Sie Sekretärin? _____

4. Heißt sie Albers? _____

5. Wohnt er in Berlin? _____

6. Kommen Sie aus Wien? _____

7. Verstehen Sie das? _____

8. Ist das Frau Jung? _____

9. Bleibt er in Linz? _____

10. Wohnen Sie in der Mozartstraße? _____

Possessivpronomen

Wie ist Ihr Name, bitte?
Mein Name ist Wolters.
Meine Telefonnummer ist 0 61 31/67 25 36.
Das ist nicht Ihr Zimmer.

Maskulinum	(der Name, ein Name)	mein Name	Ihr Name
Femininum	(die Adresse, eine Adresse)	meine Adresse	Ihre Adresse
Neutrum	(das Zimmer, ein Zimmer)	mein Zimmer	Ihr Zimmer

41 **Ergänzen Sie.**

| das Hotel |
| das Gepäck |
| die Telefonnummer |
| die Sekretärin |
| der Designer |

1. Wie ist I_____ Telefonnummer, bitte?
2. Das ist m_____ Sekretärin.
3. Ist das I_____ Gepäck?
4. Wie heißt I_____ Designer?
5. Das ist m_____ Hotel.

Sachfragen

I. Fragepronomen	II. konjugiertes Verb	
Wie	heißen	Sie?
	ist	Ihr Name, bitte?
	ist	die Vorwahl von Köln?
	schreibt	man das?
	geht	es Ihnen?
Was	sind	Sie von Beruf?
	machen	Sie beruflich?
	studieren	Sie?
	sagen	Sie?
Wo	wohnen	Sie?
	ist	Frau Krause?
Woher	kommen	Sie?
Wer	ist	das?

Ergänzen Sie.

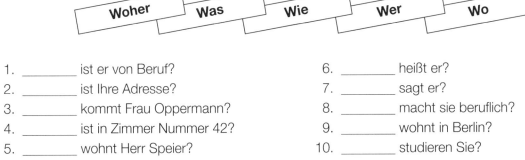

Woher   Was   Wie   Wer   Wo

1. _____ ist er von Beruf?
2. _____ ist Ihre Adresse?
3. _____ kommt Frau Oppermann?
4. _____ ist in Zimmer Nummer 42?
5. _____ wohnt Herr Speier?

6. _____ heißt er?
7. _____ sagt er?
8. _____ macht sie beruflich?
9. _____ wohnt in Berlin?
10. _____ studieren Sie?

Entscheidungsfragen

I. konjugiertes Verb	II. Subjekt	
Sprechen	Sie	Russisch?
Kommt	er	aus Großbritannien?
Haben	Sie	ein Einzelzimmer frei?
Haben	Sie	viel Gepäck?
Ist	Frau Krause	schon da?
Ist	Herr Meier	Ingenieur?
Wohnt	sie	in München?
Bleiben	Sie	bis Samstag?
Verstehen	Sie	das?

43 **Bilden Sie Fragen.**

1. Frau Oppermann / Zimmer Nummer 22 / hat
2. London / er / wohnt / in
3. viel Gepäck / hat / Herr Strauß
4. Deutsch / Sie / sprechen
5. Techniker / sind / Sie
6. Brasilien / Sie / kommen / aus
7. Frau Hartmann / bleibt / Samstag / bis
8. schon da / Herr und Frau Albers / sind
9. Österreich / wohnt / sie / in
10. Direktor / er / ist

Aussagesätze

	II. konjugiertes Verb	
Mein Name	ist	Schneider.
Ich	komme	aus Australien.
Ich	bin	Fotograf.
Er	ist	Journalist.
Ich	spreche	Englisch und Portugiesisch.
Sie	sprechen	sehr schnell.
Ich	verstehe	Sie nicht.
Sie	haben	Zimmer Nummer 14.
Ich	bleibe	bis Samstag.
Meine Telefonnummer	ist	3 85 25 42.
Die Vorwahl	ist	02 21.
Ich	wohne	in Bonn.
Ich	heiße	Meißner.
Nein, ich	komme	aus Australien.
Ja, ich	komme	aus Australien.

44 **Bilden Sie Sätze.**

1. Zimmer / mein / ist / das / .
2. bleibt / nicht / bis / er / Samstag / ?
3. Spanisch / Herr und Frau Müller / sprechen / ?
4. Medizin / Hans / studiert / .
5. Gepäck / er / viel / hat / .
6. wohne / ich / nicht / Peking / in / .
7. Name / Schmitz / ist / mein /.
8. bin / ich / Assistentin / .
9. Japan / Frau Kaufmann / in / wohnt / ?
10. Hotel / das / Ihr / ist / ?
11. Zimmer / habe / ich / Nummer 22 / .
12. heißen / wie / Sie / ?
13. Ingenieur / Sie / sind / Beruf / von / ?
14. Müller / aus / kommt / Österreich / Herr / .
15. kommt / Rubbia / woher / Frau / ?

Im Clubhotel

△ *Guten Morgen!*

● *Guten Morgen!* Ich bin *Hans*.

△ Ich heiße Dolores. Kommen Sie aus Deutschland?

● Ja, aus *Hamburg*. Ich bin Journalist. Und Sie?

△ Ich bin *Sekretärin*.

Ersetzen Sie die schräg gedruckten Elemente durch folgende.

45

– Guten Tag!	– Helmut	– München	– Informatikerin
– Guten Abend!	– Rainer	– Düsseldorf	– Fotografin

Sprachschule: In der Cafeteria

△ Wo wohnen Sie?

● Ich wohne in der *Dürerstraße*.

△ Wo ist das?

● Am *Adenauerplatz*. Und Sie?

△ Ich wohne nicht in Köln. Ich habe ein Zimmer in *Leverkusen*.

46 **Ersetzen Sie die schräg gedruckten Elemente durch folgende.**

– Kantstraße   – Kennedyplatz   – Bonn
– Beethovenstraße   – Bismarckplatz   – Bad Godesberg

Satzintonation

Wie | geht es Ih | nen?
Kommen Sie aus Ber | lin?
Das ist Frau | Wein | gärtner.
Guten | A | bend!

Sprechen Sie nach.

1. Woher kommen Sie?
2. Guten Tag, Herr Berger!
3. Kommen Sie direkt aus Moskau?
4. Wie geht es Ihnen?
5. Danke, gut.

6. Notieren Sie bitte!
7. Wie bitte? Wie ist Ihr Name?
8. Wer ist das?
9. Das ist Frau Seiters, meine Assistentin.
10. Ich verstehe Sie nicht.

Wörterrätsel

Die mittlere Spalte ergibt den Namen einer deutschen Stadt.

1. ... kommen Sie?
2. ... heißen Sie?
3. Ich ... Architektin.
4. 10 + 3 = ...
5. Auf ... !
6. Haben Sie ein ... frei?
7. Was machen Sie ...?
8. Ich wohne in der Goethe ... 17.
9. Guten ... !
10. Wie ... es Ihnen?

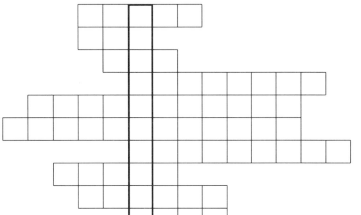

Was passt nicht?

1. wer – wohnen – woher – was
2. Medizin – Assistent – Sekretärin – Techniker
3. Englisch – Deutsch – Japan – Spanisch
4. Straße – Adresse – Allee – Weg

Lektion 2

Messen

Messekalender

1 Lesen Sie den Messekalender und unterstreichen Sie alle Wörter, die Sie kennen.

Wichtige Messen in Deutschland				
JANUAR	9. 1. - 12. 1.	Frankfurt	HEIMTEXTIL Internationale Fachmesse für Heim- und Haustextilien	*C*
	22. 1. - 27. 1.	Köln	Internationale Möbelmesse	
	25. 1. - 3. 2.	Berlin	Internationale Grüne Woche Berlin	
FEBRUAR	25. 2. - 1. 3.	Düsseldorf	didacta Die internationale Bildungsmesse	
	28. 2. - 3. 3.	München	ispo Internationale Fachmesse für Sportartikel und Sportmode	
MÄRZ	2. 3. - 7. 3.	Berlin	ITB Internationale Tourismus-Börse	
	10. 3. - 13. 3.	Düsseldorf	Igedo Internationale Modemesse	
	13. 3. - 20. 3.	Hannover	Hannover Messe CeBIT Welt-Centrum der Büro-, Informations- und Telekommunikationstechnik	
	16. 3. - 24. 3.	München	IHM Internationale Handwerksmesse	
APRIL	10. 4. - 17. 4.	Hannover	HANNOVER MESSE Industrie	
	13. 4. - 17. 4.	Nürnberg	Hotel- und Gaststätten-Ausstellung	
	16. 4. - 18. 4.	Frankfurt	interstoff Internationale Fachmesse für Bekleidungstextilien	
AUGUST	30. 8. - 8. 9.	Berlin	Internationale Funkausstellung Berlin	
SEPTEMBER	1. 9. - 4. 9.	Düsseldorf	igedo Internationale Modemesse	
	3. 9. - 6. 9.	München	ispo Internationale Fachmesse für Sportartikel und Sportmode	
	12. 9. - 22. 9.	Frankfurt	IAA Internationale Automobil-Ausstellung	
	28. 9. - 6.10.	Essen	CARAVAN-SALON	
OKTOBER	9.10. - 14.10.	Frankfurt	Frankfurter Buchmesse	
	12.10. - 17.10.	Köln	ANUGA Weltmarkt für Ernährung	
	29.10. - 31.10.	Frankfurt	interstoff Internationale Fachmesse für Bekleidungstextilien	

2 Hören Sie und sprechen Sie nach.

HEIMTEXTIL

…

Welches Piktogramm gehört zu welcher Messe? Schreiben Sie die Buchstaben in die letzte Spalte des Messekalenders.

4 Hören Sie die Namen der Messen und nennen Sie den richtigen Buchstaben, den Sie daneben geschrieben haben.

HEIMTEXTIL – Internationale Fachmesse für Heim- und Haustextilien C
...

5 Hören Sie und sprechen Sie nach.

Januar, Februar, ...

6 Hören Sie und tragen Sie die Monatsnamen in die leeren Felder ein.

Januar	_____	Juli	_____
_____	Mai	_____	November
_____	Juni	_____	Dezember

7 Hören Sie und antworten Sie.

△ Wann ist die Internationale Möbelmesse?
● Im Januar.

△ Wo ist die Internationale Möbelmesse?
● In Köln.

△ ...

⇒ **Zusammengesetzte Wörter**

das	Büro
die	Bürotechnik
die	Technik

die	Information
die	Informationstechnik
die	Technik

die	Mode
der	Modesport
die	Sportmode
der	Sport

Bilden Sie zusammengesetzte Wörter entsprechend dem Messekalender.

der Funk
das Büro
das Buch
das Handwerk(s)
die Telekommunikation(s)
die Möbel
der Sport
die Welt

der Markt
die Messe
die Technik
der Artikel
die Ausstellung

1. _____

2. _____

3. _____

4. _____

5. _____

6. _____

7. _____

8. _____

*Messestand
auf der ispo München*

Gespräch im Messebüro

△ Guten Tag!

● Guten Tag, ich suche den Stand der Firma Siemens.

△ Halle sieben, Stand Nummer 534.

● Haben Sie vielleicht einen Messeplan?

△ Ja, natürlich! Hier, bitte sehr!

● Wo kann ich denn hier mein Gepäck lassen?

△ Sie können Ihr Gepäck gleich hier links an der
   Garderobe abgeben.

● Vielen Dank!

Konjugation Präsens (2)

Ergänzen Sie. 9

INFINITIV		suchen	haben	sein	können
1. PERSON					
Singular	ich	suche	_____	_____	kann
Plural	wir	suchen	haben	sind	können
2. PERSON					
Höflichkeitsform					
(Singular und Plural)	Sie	_____	_____	_____	können
3. PERSON					
Singular					
– Maskulinum	er				
– Femininum	sie	_____	_____	_____	kann
– Neutrum	es				
Plural	sie	suchen	haben	sind	können

Ergänzen Sie Verben aus Lektion 1, die wie „suchen" konjugiert werden. 10

B L E I B E N

W O _ _ _ _

K O _ _ _ _

V E R _ _ _ _ _ _

S C H _ _ _ _ _ _

H Ö _ _ _

S A _ _ _

S T U _ _ _ _ _ _

Bilden Sie die entsprechenden Sätze. 11

12.30 Uhr	☺			die Firma Siemens.
9.00 Uhr	☺☺☺			den Stand der Lufthansa.
20.00 Uhr	☺☺☺	Guten Morgen,	ich suche	das Messebüro.
15.00 Uhr	☺	Guten Tag,	wir suchen	die Garderobe.
10.30 Uhr	☺	Guten Abend,		die Halle 7.
22.00 Uhr	☺☺☺			Herrn Hoffmann.

1. *Guten Tag, ich suche die Firma Siemens.*   4. _____

2. _____   5. _____

3. _____   6. _____

12 Ergänzen Sie die richtige Form von „können".

1. Wo _____ ich mein Gepäck abgeben?

2. _____ Sie bitte leise sprechen?

3. Er _____ sehr gut Englisch.

4. Wir _____ nur bis Samstag bleiben.

5. _____ Sie mich verstehen?

13 Spielen Sie die Szene in der Klasse. Benutzen Sie die nachstehenden Redemittel.

Beispiel: △ *Guten Tag! Wo kann ich bitte telefonieren?*   △ Guten ...! Wo kann ich
           ● *Dort drüben ist ein Telefon.*   bitte telefonieren?
           △ *Vielen Dank!*   ● ... ist ein Telefon.
                            △ Vielen Dank!

Ortsangaben

Das Telefon ist	dort drüben. hier / da vorne. gleich hier links / rechts. auf der linken / rechten Seite. im ersten Stock.

Deklination des Artikels

BESTIMMT		
	NOMINATIV	AKKUSATIV
SINGULAR		
– Maskulinum	Wo ist der Plan?	Wir suchen den Plan.
– Femininum	Wo ist die Messe?	Wir suchen die Messe.
– Neutrum	Wo ist das Büro?	Wir suchen das Büro.
PLURAL	Wo sind die Büros?	Wir suchen die Büros.

UNBESTIMMT		
	NOMINATIV	AKKUSATIV
SINGULAR		
– Maskulinum	Das ist ein Plan von Nürnberg.	Haben Sie einen Plan von Nürnberg?
– Femininum	Das ist eine Fachmesse.	Haben Sie in Düsseldorf eine Fachmesse?
– Neutrum	Das ist ein Informationsbüro.	Haben Sie hier ein Informationsbüro?
PLURAL	Das sind Fachmessen.	Haben Sie in Köln Fachmessen?

Bilden Sie Sätze.

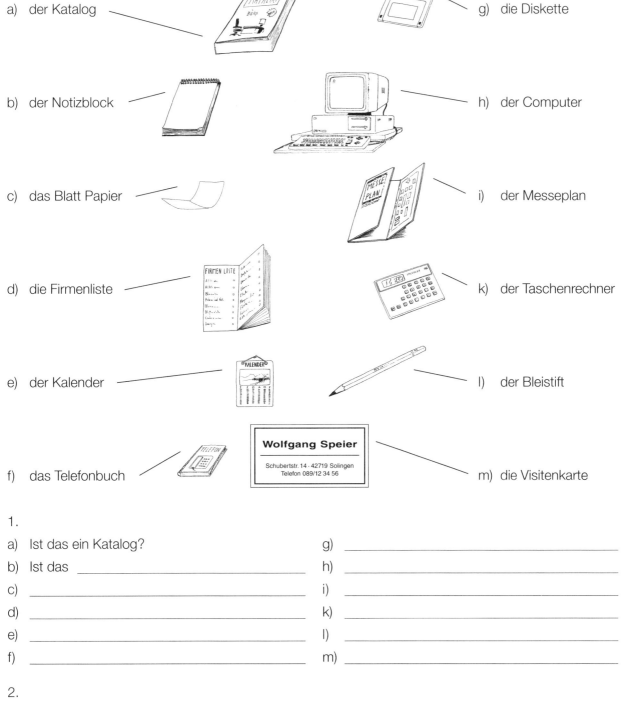

a) der Katalog

b) der Notizblock

c) das Blatt Papier

d) die Firmenliste

e) der Kalender

f) das Telefonbuch

g) die Diskette

h) der Computer

i) der Messeplan

k) der Taschenrechner

l) der Bleistift

m) die Visitenkarte

Wolfgang Speier
Schubertstr. 14 · 42719 Solingen
Telefon 089/12 34 56

1.

a) Ist das ein Katalog?

b) Ist das _____

c) _____

d) _____

e) _____

f) _____

g) _____

h) _____

i) _____

k) _____

l) _____

m) _____

2.

a) Wir suchen den Katalog.

b) Wir suchen _____

c) _____

d) _____

e) _____

f) _____

g) _____

h) _____

i) _____

k) _____

l) _____

m) _____

3.

a) Haben Sie einen Katalog?

b) Haben Sie _____

c) _____

d) _____

e) _____

f) _____

g) _____

h) _____

i) _____

k) _____

l) _____

m) _____

Aussagesätze mit „können"

I.	II.		letzte Stelle
Hier Sie	können können	Sie Ihr Gepäck bis Samstag	abgeben. bleiben.

15 **Ergänzen Sie. Arbeiten Sie mit dem Wörterbuch.**

1. Im Informationsbüro können Sie Geld _____ .
2. Sie können Herrn Kaiser im Hotel _____ .
3. Hier können Sie leider nicht _____ .
4. Wo kann ich den Messekatalog _____ ?
5. Ich kann am Stand _____ .

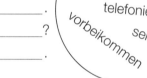

treffen wechseln telefonieren vorbeikommen sehen

Fragesätze mit „können"

I.	II.		letzte Stelle
Kann Können	ich wir	mein Gepäck hier einen Messeplan	abgeben? haben?
Wo Wann	kann können	ich mein Gepäck wir einen Messekalender	lassen? haben?

16 **Bilden Sie Fragen.**

1. telefonieren / ich / hier / kann
2. telefonieren / ich / hier / kann / wo
3. Herrn Schmittmann / wann / treffen / können / Sie
4. ich / mein Gepäck / abgeben / wo / kann
5. bis Samstag / bleiben / ich / kann
6. sprechen / wir / können / Frau Oppermann
7. Geld / hier / ich / kann / wechseln
8. den Katalog / sehen / wir / können
9. die Telefonnummer / können / suchen / Sie
10. die Diskette / wo / abgeben / ich / kann

Haben Sie einen Kalender?

Ja, natürlich!

Selbstverständlich!

Aber sicher!

Hier, bitte sehr!

Moment, ich schaue
mal nach.

Moment, ich frage
mal meine Kollegin.

Warten Sie mal,
vielleicht hier im Schrank.

Da bin ich nicht sicher,
ich schaue mal nach.

Das weiß ich nicht, aber
ich frage mal meinen
Kollegen.

Nein, leider nicht.

Nein, tut mir leid.

Nein, im Moment
leider nicht.

Nein, aber vielleicht
meine Kollegin.

Antworten Sie.

17

1. Haben Sie einen Messeplan?

   _____

2. Haben Sie einen Taschenrechner?

   _____

3. Haben Sie eine Firmenliste?

   _____

4. Haben Sie ein Telefonbuch?

   _____

5. Haben Sie eine Diskette?

   _____

6. Haben Sie einen Notizblock?

   _____

18 Antworten Sie.

Beispiel: △ *Kann ich das Gepäck hier lassen?*
● *Ja, natürlich können Sie das Gepäck hier lassen!*

1. Kann ich einen Messeplan haben? _____
2. Kann ich das Gepäck an der Garderobe abgeben? _____
3. Kann ich hier telefonieren? _____
4. Kann ich Frau Oppermann sprechen? _____
5. Kann ich hier Geld wechseln? _____
6. Kann ich den Katalog mal sehen? _____
7. Kann ich mal kurz vorbeikommen? _____
8. Kann ich Frau Schmittmann treffen? _____

19 Punkt oder Fragezeichen?

1. Wo kann ich telefonieren __
2. Wir suchen eine Firmenliste __
3. Wann kann ich Frau Oppermann sprechen __
4. Hier ist ein Notizblock __
5. Im Messebüro können Sie Geld wechseln __
6. Haben Sie einen Bleistift __
7. Suchen Sie das Messebüro __
8. Ist mein Gepäck hier __
9. Herr Sommer kann mal kurz vorbeikommen __
10. Kann Frau Klein mein Gepäck an der Garderobe abgeben __

20 Spielen Sie die Szene in der Klasse.

Beispiel: △ *Haben Sie vielleicht einen Bleistift?*   △ *Haben Sie vielleicht ...?*
● *Moment, ich schaue mal nach.*   ● *Moment, ich schaue mal nach.*
Ja, hier ist ein Bleistift.   *Ja, hier ist ...*
△ *Kann ich den Bleistift einen Moment haben?*   △ *Kann ich ... einen Moment haben?*
● *Ja, natürlich!*   ● *Ja, natürlich!*
△ *Danke!*   △ *Danke!*

Treffen im Messebüro

△ Ach! Sie sind auch schon hier, Frau Oppermann?

● Ja. Wir kommen gerade vom Flughafen. Darf ich bekannt machen:
– Herr Sugiyama aus Tokio, von der Firma Mitsubishi.
– Herr Porter, der Repräsentant von Corning Glass Works.

△ Freut mich sehr. Sind Sie zum ersten Mal auf der Hannover Messe?

□ Nein, ich komme fast jedes Jahr. Ich leite bei uns seit einigen Jahren die Exportabteilung und in Hannover trifft man immer eine Menge Leute.

△ Das stimmt. Ich komme auch öfters hierher. Wir beziehen viele Maschinenteile aus Deutschland und aus Großbritannien. Und außerdem haben wir in Duisburg eine Niederlassung.

● Wissen Sie, Herr Porter ist für den Einkauf in Europa verantwortlich. Er ist ein guter Kunde von uns.

△ Das kann man wohl sagen. So, aber ich muss jetzt gehen. Vielleicht sehen wir uns nochmal auf der Messe.

2B

jemanden vorstellen

△ Kennen Sie schon Herrn Speier?
△ Darf ich Ihnen Herrn Speier vorstellen?
△ Darf ich Sie mit Herrn Speier bekannt machen?
△ Darf ich bekannt machen: Herr Speier, Herr Hübner.

● Angenehm.
● Sehr erfreut.
● Freut mich, Sie kennen zu lernen.

21 **Ergänzen Sie.**

Wolfgang Speier
Solingen

Dieter Meißner
Starnberg

Georg Hübner
Wien

△ Ich heiße

_____

Und wie _____

_____ ?

● Ich _____

_____

△ Freut

_____

Woher _____

_____ ?

● Ich _____

_____

△ Darf ich Sie

_____

Hübner _____

_____ ?

● Sehr _____
Woher _____

_____ ?

☐ Ich _____

_____

Dativ des Artikels

SINGULAR			
– Maskulinum	bestimmt	**dem**	Plan
	unbestimmt	ein**em**	Plan
– Femininum	bestimmt	**der**	Messe
	unbestimmt	ein**er**	Messe
– Neutrum	bestimmt	**dem**	Büro
	unbestimmt	ein**em**	Büro
PLURAL	bestimmt	**den**	Messen
	unbestimmt		Messen

Dativ

△ Wann kommen Sie?
- Im Januar.
- Am Vormittag.
- Am Dienstag.

△ Von welcher Firma sind Sie?
- Von der Firma Hudson.

△ Seit wann sind Sie in Deutschland?
- Seit einem Jahr.

△ Wo können wir uns treffen?
- In der Halle A.
- Am Stand.
- An der Garderobe.

△ Bei wem treffen Sie Frau Schmittmann?
- Bei der Kollegin.

△ Mit wem kommen Sie nach Hamburg?
- Mit dem Direktor der Exportabteilung.

Zusammenziehung von Präposition und Artikel im Dativ

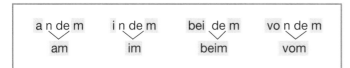

Ergänzen Sie.   **22**

1. Wir können uns _____ Stand treffen.
2. Er ist _____ Direktor.
3. Kommen Sie _____ April?
4. Treffen wir uns _____ Samstag?
5. Wir kommen gerade _____ Flughafen.

Personalpronomen

	NOMINATIV	AKKUSATIV	DATIV
1. PERSON Singular	ich	mich	mir
Plural	wir	uns	uns
2. PERSON Höflichkeitsform (Singular und Plural)	Sie	Sie	Ihnen
3. PERSON Singular			
– Maskulinum	er	ihn	ihm
– Femininum	sie	sie	ihr
– Neutrum	es	es	ihm
Plural	sie	sie	ihnen

23 **Ergänzen Sie.**

1. Ich treffe Herrn Hübner in Bayreuth.
   Warum treffen Sie _____ nicht am Stand?
2. Kennt er die Exportabteilung gut?
   Er leitet _____ seit einem Monat.
3. Kennen Sie Herrn und Frau Speier?
   Ich lerne _____ am Montag kennen.
4. Wo ist denn Herr Porter?
   Ich suche _____ auch.
5. Vielleicht hat Frau Müller den Plan.
   Moment, ich frage _____ .
6. Ist das Ihre Sekretärin?
   Ja, Sie können Ihr Gepäck bei _____ abgeben.
7. Wer ist denn die Frau dort am Telefon?
   Ich kenne _____ leider auch nicht.
8. Ist Herr Berger da?
   Ja, möchten Sie mit _____ sprechen?

24 **Ergänzen Sie.**

1. Wie geht es _____ , Herr Porter? Danke, _____ geht es gut.
2. Kann ich mit _____ kommen, meine Herren? Ja, _____ können mit _____ kommen.
3. Ich kenne ihn. Woher kennen Sie _____ denn?
4. Können wir _____ am Samstag treffen? Ja, gerne.
5. Treffen Sie Frau Braun in Düsseldorf? Ja, ich treffe _____ dort.
6. Suchen Sie mich? Ja, ich suche _____ .

Ordnen Sie die Bezeichnungen den Piktogrammen zu. Arbeiten Sie mit dem Wörterbuch.

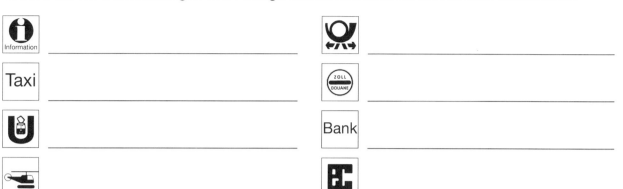

Erste Hilfe/Arzt

Zentral-Garderobe

Messe-Heliport

Zoll/Güterbahnhof

Presse-Zentrum

Polizeirevier

Radio/TV-Zentrum

Stadtbahn

Messebahnhof

Parkplatz (Bus)

Restaurant

Informations-Zentrum

Parkplatz

Bank

Parkplatz (LKW)

Postamt

Taxistand

Eingang

EC(Eurocard)-Geldautomat

🖸 Gespräch am Stand

△ Guten Tag, ich möchte gern nähere Informationen über Ihr neues Modell XB 12.

● Aber ja, sehr gerne. Ich kann Ihnen einige Broschüren geben. Für welches Anwendungsgebiet brauchen Sie das Material denn?

△ Ja, wissen Sie, ich bin von der Firma Hudson. Wir produzieren in den USA Rasierapparate und interessieren uns für neue Fabrikationstechniken.

● Da sprechen Sie am besten mit Herrn Dr. Kaiser von unserer Entwicklungsabteilung. Er ist heute leider noch nicht da. Er kommt erst morgen Vormittag.

△ Ja, ich bin noch bis morgen Abend in Hannover. Vielleicht kann ich jetzt schon einen Termin mit ihm vereinbaren?

● Ich kann mal kurz seine Sekretärin anrufen, wenn Sie wollen. Wie ist Ihr Name, bitte?

△ …

Welche Antwort passt zu welcher Frage?

1. Von welcher Firma sind Sie?
2. Wo arbeiten Sie?
3. Was machen Sie?
4. Was produzieren Sie?
5. Wer kann mir Informationen geben?
6. Wann kommt er?
7. Bis wann sind Sie hier?

a) Ich leite die Exportabteilung.
b) Herr Dr. Kaiser von der Entwicklungsabteilung.
c) Bis morgen Abend.
d) Morgen Vormittag.
e) Von der Firma Hudson.
f) Bei der Lufthansa.
g) Rasierapparate.

1	2	3	4	5	6	7

Welch ...?

	NOMINATIV	AKKUSATIV	DATIV
SINGULAR			
– Maskulinum	Welch**er** Stand?	Welch**en** Stand suchen Sie?	Von welch**em** Stand sprechen Sie?
– Femininum	Welch**e** Abteilung?	Welch**e** Abteilung suchen Sie?	Von welch**er** Abteilung sprechen Sie?
– Neutrum	Welch**es** Hotel?	Welch**es** Hotel suchen Sie?	Von welch**em** Hotel sprechen Sie?
PLURAL	Welch**e** Messen?	Welch**e** Messen suchen Sie?	Von welch**en** Messen sprechen Sie?

Ergänzen Sie.

1. Von welch_____ Firma sind Sie?
2. Welch_____ Telefonnummer suchen Sie?
3. In welch_____ Straße wohnen Sie?
4. Bei welch_____ Kollegin treffen wir uns?
5. Für welch_____ Anwendungsgebiet brauchen Sie das Material denn?
6. Für welch_____ Fabrikationstechniken interessieren Sie sich?
7. Über welch_____ Modell möchten Sie Informationen?
8. In welch_____ Niederlassung produzieren Sie Rasierapparate?
9. Mit welch_____ Abteilung möchten Sie sprechen?
10. An welch_____ Stand sind Sie?

Hören Sie und antworten Sie.

△ Möchten Sie Informationen über Rasierapparate?
● Ja, ich interessiere mich für Rasierapparate.

△ Möchten Sie Informationen über Sportartikel?
● ...

29   **Hören Sie und antworten Sie.**

△ In Hannover ist eine Computer-Messe.
● Computer interessieren mich nicht.

△ In Düsseldorf ist eine Modemesse.
● Mode interessiert mich nicht.

△ In München ist eine Messe für Sportartikel.
● …

Düsseldorfer Messegelände, Eingangshalle

30   **Spielen Sie ein Kundengespräch.**

A: Messebesucher   **B: Firmenrepräsentant**

– stellt sich vor:
  Name: …
  Firma: …

– interessiert sich für: …

– hat Fragen: – beantwortet die Fragen
  Katalog?
  Termin mit dem Verkaufsleiter?

Terminvereinbarung

△ Entwicklungsabteilung, Sickinger, guten Tag!

● Peters, guten Tag! Ich bin am Messestand mit Herrn Brown von der Firma Hudson, USA. Er möchte gern morgen Herrn Dr. Kaiser treffen. Können Sie mal eben in seinen Terminkalender schauen?

△ Also, er nimmt den Flug um 7.20 Uhr und ist dann wohl um 9.00 Uhr am Stand. Um 11.00 Uhr hat er einen Termin, und von 14.30 bis 16.00 Uhr ist er im Kongresszentrum.

● Moment, ich frage mal Herrn Brown.
Sie können ihn entweder zwischen neun und elf oder am Nachmittag ab vier treffen.

○ Ich kann um zehn vorbeikommen.

● Notieren Sie bitte: Herr Brown, 10.00 Uhr.

△ Ist in Ordnung. Auf Wiederhören!

● Wiederhören!

Zahlen

31 Hören Sie und ergänzen Sie.

null	0	vierzig	40
eins	1	fünfzig	50
zwei	2	sechzig	60
drei	3	_____	70
_____	4	_____	80
_____	5	_____	90
_____	6	(ein)hundert	100
_____	7	(ein)hunderteins	101
_____	8	(ein)hundertzwei	102
_____	9	(ein)hundertdrei	103
_____	10	…	
elf	11	zweihundert	200
zwölf	12	_____	300
dreizehn	13	vierhundert	400
_____	14	…	
_____	15	(ein)tausend	1000
_____	16	zweitausend	2000
_____	17	…	
_____	18	zehntausend	10 000
_____	19	(ein)hunderttausend	100 000
zwanzig	20	eine Million	1 000 000
dreißig	30	eine Milliarde	1 000 000 000

32 Lesen Sie die Standnummern.

DEUTSCHE AEROSPACE	D	105/205/ 305/405
DEUTSCHER WETTERDIENST	D	131/138
DIEHL ELEKTRONIK UND LUFTFAHRT	D	837
DITTEL, WALTER	D	344
DLR	D	806/815
DORNIER	D	105/205/ 305/405
DRÄGER	D	227
DROOP & REIN	D	225
DRUCK MESSTECHNIK	D	125
EC	D	921
ELETTRONICA	I	335
EMHA	D	243
ERA AVIATION SERVICES	USA	416/420/ 716/720
ESA	F	211/321
ESG – FEG	D	306/310
EUROCONTROL	B	232
EUROJET TURBO	D	206
FIELDTECH HEATHROW	GB	339
FLIGHT COMPONENTS	CH	341

Wie heißt die nächste Zahl?

Beispiel: eins (1) ----> zwei (2)

1.	11	6.	100	11.	888	16.	476
2.	6	7.	269	12.	999	17.	789
3.	19	8.	415	13.	625	18.	109
4.	30	9.	199	14.	110	19.	2000
5.	160	10.	255	15.	549	20.	3100

Hören Sie, notieren Sie und wiederholen Sie.

1. 9,90 DM
2. ...

Spielen Sie die Szene in Klasse.

Beispiel: △ *Was kostet der Taschenrechner?* △ *Was kostet ...?*
       ● *152,– DM* ● *... DM.*

Wie heißt die Währung Ihres Landes auf Deutsch? Arbeiten Sie mit dem Wörterbuch.

Wie ist der Kurs der Währungen in Ihrem Land?

Währung		Kurs
DM	Deutsche Mark (DEM)	_____
S	Österreichischer Schilling (ATS)	_____
SFR	Schweizer Franken (CHF)	_____
US$	US-Dollar (USD)	_____
LSTG	Britisches Pfund (GBP)	_____
YEN	Yen (JPY)	_____
LIT	Italienische Lira (ITL)	_____
HFL	Holländischer Gulden (NLG)	_____
FF	Französischer Franc (FRF)	_____
BFR	Belgischer Franc (BEF)	_____
SKR	Schwedische Krone (SEK)	_____

Welcher Summe entsprechen die folgenden Preise in Ihrer Währung?

1. Das Buch kostet 25,– DM.   25,– DM, das sind _____

2. Das Zimmer kostet 200,– DM.   _____

3. Die Videokassette kostet 80,– DM.   _____

4. Das Taxi kostet 20,– DM.   _____

5. Die Kamera kostet 500,– DM.   _____

39 Spielen Sie die Szene in der Klasse.

Beispiel: △ *Wie teuer sind die Disketten hier?*　　△ *Wie teuer ist/sind ... hier?*
　　　　　● *29,50 DM.*　　　　　　　　　　　　● *... DM.*
　　　　　△ *Wie viel ist das in Dollar?*　　　　△ *Wie viel ist das in ... ?*
　　　　　● *Zirka 19 Dollar.*　　　　　　　　　● *Zirka ...*

Rechenarten

+	plus
−	minus
x	mal
:	geteilt durch

40 Rechnen Sie.

Beispiel:　*4 x 7 =*
　　　　　vier mal sieben ist achtundzwanzig

1.	1000	+	50	=		11.	15	x	5	=
2.	250	−	30	=		12.	8	+	6	=
3.	10	:	2	=		13.	31	−	3	=
4.	10	x	10	=		14.	201	+	19	=
5.	17	x	2	=		15.	88	:	8	=
6.	25	−	15	=		16.	529	+	12	=
7.	70	:	7	=		17.	44	:	2	=
8.	90	x	4	=		18.	305	x	3	=
9.	68	−	3	=		19.	4500	−	400	=
10.	1000	−	170	=		20.	473	−	13	=

Die Uhrzeit

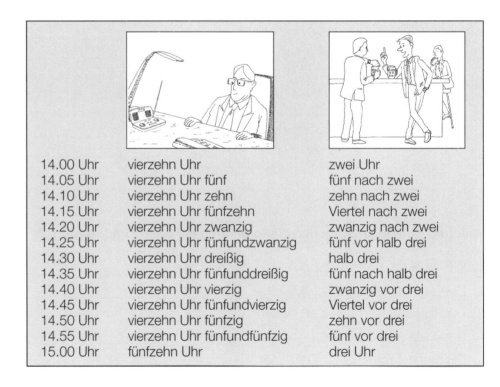

14.00 Uhr	vierzehn Uhr	zwei Uhr
14.05 Uhr	vierzehn Uhr fünf	fünf nach zwei
14.10 Uhr	vierzehn Uhr zehn	zehn nach zwei
14.15 Uhr	vierzehn Uhr fünfzehn	Viertel nach zwei
14.20 Uhr	vierzehn Uhr zwanzig	zwanzig nach zwei
14.25 Uhr	vierzehn Uhr fünfundzwanzig	fünf vor halb drei
14.30 Uhr	vierzehn Uhr dreißig	halb drei
14.35 Uhr	vierzehn Uhr fünfunddreißig	fünf nach halb drei
14.40 Uhr	vierzehn Uhr vierzig	zwanzig vor drei
14.45 Uhr	vierzehn Uhr fünfundvierzig	Viertel vor drei
14.50 Uhr	vierzehn Uhr fünfzig	zehn vor drei
14.55 Uhr	vierzehn Uhr fünfundfünfzig	fünf vor drei
15.00 Uhr	fünfzehn Uhr	drei Uhr

Wie spät ist es? / Wie viel Uhr ist es?

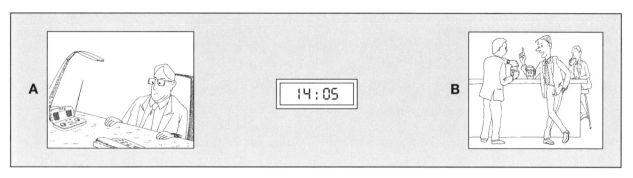

A   14:05   **B**

Es ist vierzehn Uhr fünf.   Es ist fünf nach zwei.

Und wie spät ist es jetzt?

	A	B
1. 7.20		
2. 19.20		
3. 8.15		
4. 12.20		
5. 23.10		
6. 8.40		
7. 10.25		
8. 11.55		
9. 16.45		
10. 6.30		
11. 13.00		
12. 23.30		
13. 9.35		
14. 17.05		
15. 0.15		
16. 15.40		
17. 19.30		
18. 20.30		
19. 21.35		
20. 11.15		

Zeitpunkte und Zeitintervalle

Wann? Um wie viel Uhr?

Er nimmt den Flug um 7.20 Uhr.
Er ist um 9.00 Uhr am Stand.
Um 11.00 Uhr hat er einen Termin.
Ich kann um 10.00 Uhr vorbeikommen.

Um 10.00 Uhr.

_____ 10.00 Uhr _____
X

Bis wann?

Bis 16.00 Uhr.

_____ 16.00 Uhr
X _____

Ab wann?

Ab 16.00 Uhr.

16.00 Uhr
_____ X _____

Von wann bis wann?

Von 9.00 bis 17.00 Uhr.
Zwischen 9.00 und 17.00 Uhr.

9.00 Uhr   17.00 Uhr
___ X _____ X ____

42 **Ergänzen Sie.**

Öffnungszeiten:

täglich _____ 9.00 Uhr _____ 18.00 Uhr

Pressekonferenz:

_____ 15.00 Uhr

Messerestaurant:

_____ 10.00 Uhr

Messebus:

alle 10 Minuten _____ 7.30 Uhr und 11.30 Uhr

Forum:

_____ 10.00 Uhr _____ 12.00 Uhr

ÖFFNUNGSZEITEN

MONTAG-FREITAG
9.30 Uhr - 18.30 Uhr
DONNERSTAG
9.30 Uhr - 20.30 Uhr
SAMSTAG
9.00 Uhr - 14.00 Uhr
1. SAMSTAG IM MONAT (SOMMER)
9.00 Uhr - 16.00 Uhr
1. SAMSTAG IM MONAT (WINTER)
9.00 Uhr - 18.00 Uhr
KARSTADT

Sie sind auf der Hannover Messe. Erklären Sie einem Messebesucher, wie er zum Flughafen kommen kann. Geben Sie, soweit möglich, Informationen über Fahrzeit und Preis. Verwenden Sie die Redemittel aus dem Schüttelkasten.

DEUTSCHE MESSE AG

HANNOVER

Vom Flughafen zum Messegelände

Bustransfer

Die ÜSTRA-Buslinie 69 ist während zahlreicher Messen die schnelle und bequeme Direktverbindung zwischen Flughafen Hannover-Langenhagen und dem Messegelände.
Die Busse fahren während der Messen alle 30 Minuten.

ab Flughafen:	von 7.30 Uhr bis 18.00 Uhr
ab Messe/Nord 2:	von 8.30 Uhr bis 19.00 Uhr
Fahrzeit:	ca. 30 Minuten
Fahrpreis:	einfache Fahrt DM 15,- Hin- und Rückfahrt DM 20,-
Information:	Tel. 05 11-1 66 82 38

Flugtaxi

Zwischen dem Flughafen Hannover-Langenhagen und dem Messegelände fliegen je nach Bedarf Hubschrauber-Taxis, Tel. 0511-8931653. Diesen Service gibt es zur CeBIT und zur HANNOVER MESSE. Eine Voranmeldung ist nicht erforderlich.

Flugzeit:	ca. 8 Minuten
Flugpreis/Person:	→ DM 120,- ↔ DM 240,-

Taxi Zur Zeit der Messe stehen ca. 850 Fahrzeuge bereit.

Halteplätze Messegelände: Ausgang Nord 2 und Ausgang Süd 1 (Halle 10).

Flughafen Hannover - Messegelände	ca. DM 55,-
Stadt-Centrum - Messegelände	ca. DM 30,-

Sie können mit … fahren.

Die Halteplätze sind …

… fährt alle …

Die Fahrt/Der Flug dauert … Minuten.

Die Fahrt/Der Flug kostet … Mark.

Zeitangaben 1

Was machen Sie	am	Montag? Dienstag? Mittwoch? Donnerstag? Freitag? Samstag / Sonnabend? Sonntag? Morgen? Vormittag? Mittag? Nachmittag? Abend?

Herr Berger ist	seit - - - - - - - - - ab	vorgestern gestern - - - - heute - - - - - morgen übermorgen	in Paris.

44 **Spielen Sie die Szene in der Klasse.**

Beispiel:

△ *Können wir uns am Freitag treffen?*
● *Nein, leider nicht. Ich bin ab Donnerstag auf Geschäftsreise.*
△ *Und morgen?*
● *Ja, das geht. ... Am Vormittag um 10.00 Uhr?*
△ *Gut. Also bis morgen, 10.00 Uhr!*

△ Können wir uns am ... treffen?
● Nein, leider nicht. Ich bin ab ...
△ Und ... ?
● Ja, das geht. ... Am ... um ... Uhr?
△ Gut. Also bis ..., ... Uhr!

Zeitangaben 2

Wir sind seit / ab	Montagfrüh Dienstagmorgen Mittwochvormittag ... gestern Mittag heute Nachmittag morgen Abend ...	in Berlin.

Ergänzen Sie.

Heute ist Donnerstag. Dann ist Mittwoch, 11.00 Uhr   =>   *gestern Vormittag*
Was ist …?

1. Donnerstag, 11.00 Uhr   _____

2. Mittwoch, 22.00 Uhr   _____

3. Donnerstag, 16.30 Uhr   _____

4. Samstag, 12.30 Uhr   _____

5. Freitag, 8.00 Uhr   _____

6. Dienstag, 15.00 Uhr   _____

7. Freitag, 19.00 Uhr   _____

8. Mittwoch, 13.00 Uhr   _____

Was macht Herr Speier in dieser Woche?

Beispiel: Am Montag um 9.00 Uhr <u>trifft</u> Herr Speier Herrn Perez.
Am Montagmorgen <u>hat er einen Termin mit</u> Herrn Perez aus Caracas.

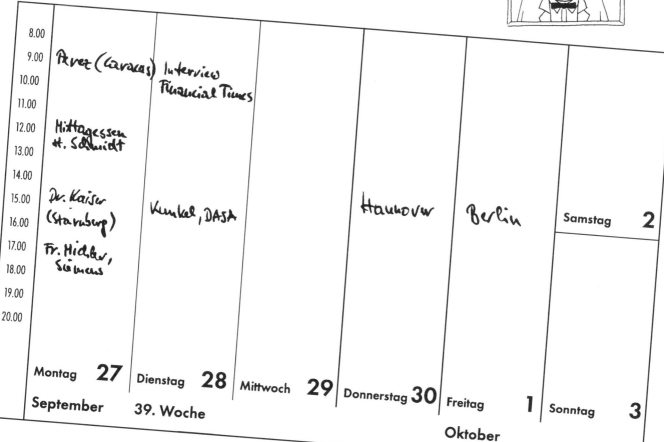

Das Datum

Heute ist ...

1.5.　　der 1. Mai	der erste Mai
2.5.　　der 2. Mai	der zweite Mai
3.5.　　der 3. Mai	der dritte Mai
4.5.　　der 4. Mai	der vierte Mai
5.5.　　der 5. Mai	der fünfte Mai
6.5.　　der 6. Mai	der sechste Mai
7.5.　　der 7. Mai	der siebte Mai
8.5.　　der 8. Mai	der achte Mai
9.5.　　der 9. Mai	der neunte Mai
10.5.　　der 10. Mai	der zehnte Mai
...	
20.5.　　der 20. Mai	der zwanzigste Mai
21.5.　　der 21. Mai	der einundzwanzigste Mai
...	
30.5.　　der 30. Mai	der dreißigste Mai

Wir treffen uns ...

am 1. Mai	am ersten Mai
am 2. Mai	am zweiten Mai
am 1.5.	am ersten Fünften
am 2.5.	am zweiten Fünften
am Dienstag, dem (den) 1. Mai	am Dienstag, dem (den) ersten Mai

47 **Lesen Sie und ergänzen Sie die fehlenden Wörter.**

1. _____ (1. Mai) ist ein Montag.
2. _____ (11.08.) habe ich Geburtstag.
3. Er kommt _____ (23.11.) nach München.
4. Heute ist _____ (1. September).
5. Treffen wir uns _____ (17.01.)?
6. Ich kann _____ (3. April) vorbeikommen.
7. Ist heute _____ (22.) oder _____ (23.)?
8. Wir kommen _____ (5.10.) nach London.

48 **Nehmen Sie den Terminkalender von Aufgabe 46 und vereinbaren Sie einen Termin mit der Sekretärin von Herrn Speier. Spielen Sie die Szene in der Klasse.**

sich entschuldigen

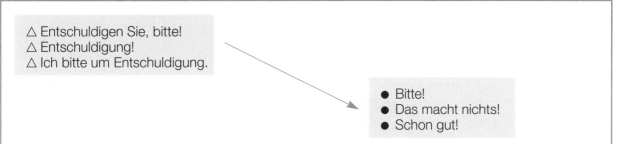

△ Entschuldigen Sie, bitte!
△ Entschuldigung!
△ Ich bitte um Entschuldigung.

● Bitte!
● Das macht nichts!
● Schon gut!

Spielen Sie die Szene in der Klasse.

Beispiel: △ *Guten Tag, Frau Wille!*
● *Werner. Ich heiße Werner, nicht Wille.*
△ *Oh, Entschuldigung, Frau Werner!*
● *Schon gut!*

△ Guten Tag, Herr/Frau ...!
● ... Ich heiße ..., nicht ...
△ Oh, Entschuldigung, Frau/Herr ...!
● Schon gut!

sich bedanken

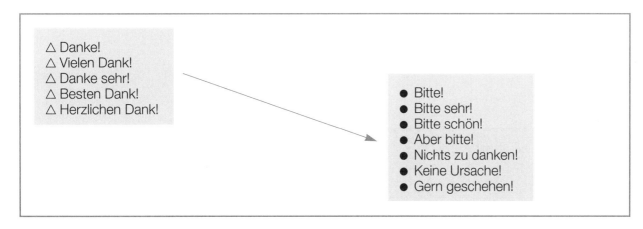

△ Danke!
△ Vielen Dank!
△ Danke sehr!
△ Besten Dank!
△ Herzlichen Dank!

● Bitte!
● Bitte sehr!
● Bitte schön!
● Aber bitte!
● Nichts zu danken!
● Keine Ursache!
● Gern geschehen!

50 Wer exportiert welche Produkte?

Ausfuhr der BRD

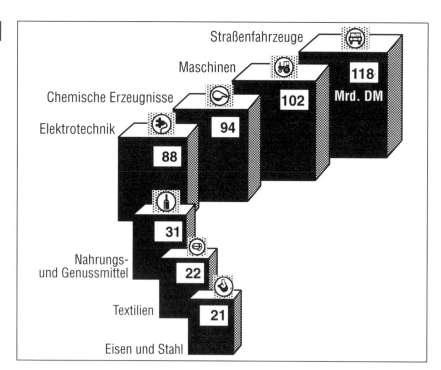

Straßenfahrzeuge _____

Maschinen _____

Chemische Erzeugnisse _____

Elektrotechnik _____

Nahrungs- und Genussmittel _____

Textilien _____

Eisen und Stahl _____

Thyssen · Boss · MAN · VW · Bosch · Oetker · Bayer · Mannesmann · Grundig · Krupp · Hoechst · Daimler-Benz · Hoesch · BMW · Siemens · Adidas · BASF · Klöckner-Humbold-Deutz

Pluralformen

51 Ergänzen Sie.

FEMININUM

1.

die Adress**e**	*die Adress**en***	die Garderob**e**	_____
die All**ee**	_____	die Hall**e**	_____
die Broschür**e**	_____	die Kart**e**	_____
die Diskett**e**	_____	die Mess**e**	_____
die Firmenlist**e**	_____	die Straß**e**	_____

2.

die Architekt**in**	*die Architektin**nen***
die Assistent**in**	
die Designer**in**	
die Direktor**in**	
die Fotograf**in**	
die Informatiker**in**	
die Ingenieur**in**	
die Journalist**in**	
die Kolleg**in**	
die Mechaniker**in**	
die Präsident**in**	
die Sekretär**in**	
die Techniker**in**	

3.

die Abteil**ung**	*die Abteil**ung**en*
die Ausstell**ung**	
die Fabrikationstech**nik**	
die Frau	
die Informat**ion**	
die Niederlass**ung**	

MASKULINUM / NEUTRUM

4.

das Möb**el**	*die Möb**el***
das Zimm**er**	
der Artik**el**	
der Comput**er**	
der Kalend**er**	
der Taschenrechn**er**	

5.

das Gebiet	*die Gebiet**e***
das Jahr	
das Maschinenteil	
das Modell	

der Beruf	
der Bleistift	
der Katalog	
der Rasierapparat	
der Tag	
der Termin	
der Weg	

MASKULINUM

6.

der Bahnhof	*die Bahnh**öf**e*
der Eingang	
der Flug	
der Messeplan	
der Notizblock	
der Platz	
der Stand	

7.

der Geldautomat	*die Geldautomat**en***
der Herr	
der Kolleg**e**	
der Kunde	
der Name	
der Repräsent**ant**	

NEUTRUM

8.

das Blatt	*die Bl**ätt**er*
das Buch	
das Postamt	

9.

das Büro	*die Büro**s***
das Hotel	
das Restaurant	

Bilden Sie den Plural. Begründen Sie Ihre Entscheidung und überprüfen Sie Ihre Entscheidung mit Hilfe eines Wörterbuches.

52

1. die Entwicklung _____
2. der Österreicher _____
3. die Minute _____
4. der Chinese _____
5. das Nahrungsmittel _____

6. die Produktion _____
7. die Amerikanerin _____
8. der Techniker _____
9. der Russe _____
10. der Italiener _____

Am Telefon

△ Transforma AG, guten Tag!

● Seehofer, guten Tag! Kann ich bitte *Frau Prieshoft* sprechen?

△ *Frau Prieshoft?*

● Spreche ich nicht mit der Transport AG?

△ Nein, hier ist die Transforma AG.

● *Oh, ich bitte um Entschuldigung!*

△ Bitte!

53 **Ersetzen Sie die schräg gedruckten Elemente durch folgende.**

– Herrn Herzmann
– Frau van Leewen

– Entschuldigen Sie, bitte!
– Oh, Entschuldigung!

Im Büro

△ Ist Frau Götten da?

● Nein, tut mir leid. Sie kommt erst *am Nachmittag.*

△ Ich habe einen Termin *am Freitagvormittag.*

● Ja?

△ Ich kann erst *um zehn Uhr* kommen. Können Sie ihr das bitte sagen?

● Ja, natürlich.

△ *Besten Dank!*

● Nichts zu danken.

Ersetzen Sie die schräg gedruckten Elemente durch folgende.

54

– morgen früh
– gegen Abend
– um vierzehn Uhr

– am Donnerstagmorgen
– morgen Nachmittag
– am Donnerstag um elf Uhr

– am Nachmittag
– um sechzehn Uhr
– um vierzehn Uhr dreißig

– Vielen Dank!
– Danke schön!
– Danke sehr!

2D

△ Haben Sie *heute Abend* Zeit?

● Ich habe um achtzehn Uhr *einen Gymnastikkurs.*

△ Vielleicht können wir uns danach treffen.

● Warum nicht?

△ Ich kenne ein schönes Restaurant *in der Altstadt.*

● Ja, gern.

△ Um zwanzig Uhr am Marktplatz?

● In Ordnung, bis *heute Abend!*

55 **Ersetzen Sie die schräg gedruckten Elemente durch folgende.**

– morgen Abend	– einen Computerkurs	– am Hafen
– Mittwochabend	– Italienisch	– am Strand
– Donnerstagabend	– einen Termin	– am Rhein

Geburtstag

△ Kommen Sie *am Samstag?*

● Was ist denn *am Samstag?*

△ Da habe ich Geburtstag. Das wollen wir feiern.

● Am Abend?

△ Ja, *ab zwanzig Uhr.*

● Oh, sehr gern. Kann ich etwas mitbringen?

△ Ach, das ist wirklich nicht nötig.

Ersetzen Sie die schräg gedruckten Elemente durch folgende.

56

- am Sonntag
- übermorgen
- am 23. April

- ab neunzehn Uhr
- nach der Arbeit
- nicht zu spät

Kurze und lange Vokale

57 **Hören Sie.**

		Schreibweise
[aː]	Plan, Zahl	a, aa, ah
[a]	Stand, Platz	a
[eː]	zehn, Allee	e, ee, eh
[ɛ]	Geld, März	e, ä
[ə]	Mode, Halle	e
[iː]	ihr, viel	i, ie, ieh, ih
[ɪ]	ist, links	i
[oː]	groß, wohl	o, oh, oo
[ɔ]	Sport, Post	o
[uː]	gut, Uhr	u, uh
[ʊ]	kurz, Bus	u
[ɛː]	täglich, zählen	ä, äh
[øː]	Möbel, hören	ö, öh
[œ]	zwölf, können	ö
[yː]	über, früh	ü, üh, y
[ʏ]	fünf, müssen	ü, y

58 **Hören Sie und wiederholen Sie.**

– fragen
– ...

59 **Hören Sie und unterstreichen Sie die langen Vokale.**

Blatt, Technik, früh, Mode, Welt, jetzt, Halle, näher, Textil, Japan, fragen, kosten, Firma, kann, müssen, wo, Dienstag, Uhr, Möbel, Nummer, um, Gepäck, München

60 **Was passt nicht?**

1. früh – heute – gestern – übermorgen
2. Mittwoch – Dienstag – März – Sonnabend
3. wo – wann – wir – woher
4. selbstverständlich – aber sicher – ja, natürlich – leider nicht
5. vielen Dank – nichts zu danken – herzlichen Dank – besten Dank
6. Zeit – Monat – Tag – Woche

Wörterrätsel

Die mittlere Spalte ergibt – von oben nach unten gelesen – ein weiteres Wort.

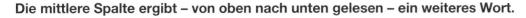

```
          _  U  _  S |_| E  _  L  _  N  _
             A  _  R |_| S  _  _
          _  A  R  _ |_| A  T  _
             _  _  L |_| _  O  _  B  _  CH
    V  I  _  I  _  E |_| _  A  R  _  E
                S  _ |_| R  _  M  _  D  E
          V  _  R  N  _ |_| E
          _  O  S  T  _ |_| T
                   F  _ |_| _  H  _  _  E  N
       _  E  _  E  _  O |_| _  U  _  _  E  R
             _  O  _ |_| _  B  _  OC  K
                   _  A |_| _  A  L  O  _
          _  E  L  _ |_| U  _  O  _  _  T
          TA  _  I  S |_| _  N  _
          _  E  R  _ |_| NK  A  _  E  N  _  E  _
                   P |_| _  T  L  _  _  TZ  A  _  L
    M  _  S  _  E  _  TA  _ |_|
       _  O  N  _  _  E  S |_| _  E  N  _  RU  M
    I  N  _  _  R  _  A |_| I  _  N  _  TE  _  _  N  _  K
          _  E  _  S |_| P  L  A  _
                B  _ |_| _  M  _  S  _  E
          _  A  S  _ |_| E  _  RE  _  _  N  E  _
    _  O  L  L  E  _  I |_|
          _  A  _  _  M |_| TT  A  _
    H  A  _  D  _  E  _ |_| S  M  E  _  _  E
```

Test 1 / 2

1. Schreiben Sie bitte in jede Lücke das passende Wort.

Unsere _____ sind täglich von 9.00 bis 18.00 Uhr. (1)
Haben Sie nähere_____ über diese Maschinen? (1)
Ich möchte einen Termin mit Ihnen _____ . (1)
Herr Schulte ist für die Fabrikation _____ . (1)
Um 14.00 Uhr treffen Sie Herrn Adler von der_____ Schenk. (1)

2. Schreiben Sie bitte in jede Lücke das passende Wort.

△ Haben Sie ein Blatt Papier?
● _____ natürlich. Hier, _____ sehr. (2)

△ _____ Sie vielleicht morgen vorbeikommen? (1)
● Aber ja. Sehr _____ . (1)

△ Er ist ein guter _____ von uns. (1)
● Ja, das _____ . (1)

△ Mein _____ ist Klein. (1)
● Freut mich, Sie _____ _____ _____ . (1)

△ _____ Sie, bitte! Ich suche die Firma BMW. (1)
● Moment, ich _____ mal nach. (1)

3. Schreiben Sie die folgenden Summen in Buchstaben, wie bei einem Scheck.

DM 25,–   _____ (1)
DM 493,–   _____ (1)
DM 116,–   _____ (1)
DM 31,–   _____ (1)
DM 6650,–   _____ (1)

4. Wann treffen wir uns? Schreiben Sie die Zahlenangaben in Buchstaben.

22.30 Uhr   _____ (1)
8.15 Uhr   _____ (1)
14. September _____ (1)
1. April   _____ (1)
25. Oktober   _____ (1)

5. Ergänzen Sie die passenden Verbformen.

(sein) _____ Sie die Sekretärin? (1)
Wir (treffen) _____ Herrn Becker im Messebüro. (1)
Ich (beziehen) _____ die Maschinen aus Kanada. (1)
(können) _____ ich hier telefonieren? (1)
Er (haben)_____ heute einen Flug nach München. (1)

70

6. Ergänzen Sie mit dem Artikel.

Er ist nicht auf d _____ Messe. (1)

Er leitet d _____ Niederlassung in Tokio. (1)

Er kommt von d _____ Firma Lindt. (1)

Er sucht d _____ Taschenrechner. (1)

Wir treffen e _____ Menge Leute. (1)

Ist hier e _____ Geldautomat? (1)

Haben Sie e _____ Computer? (1)

Treffen wir uns bei d _____ Kollegin? (1)

Ich suche e _____ Taxistand. (1)

Können Sie bitte d _____ Messebüro anrufen? (1)

7. Ergänzen Sie mit dem Fragepronomen.

_____ _____ heißen Sie? (1)

Bis _____ sind Sie am Stand? (1)

Um _____ _____ Uhr treffen wir ihn? (1)

_____ ist er heute Nachmittag? (1)

_____ kostet das? (1)

8. Bilden Sie Sätze.

aus / das / ist / Kunde / Paris / unser /.

_____ (1)

ab / am / Sie / sind / Stand / wann / ?

_____ (1)

Berlin / eine / haben / in / Niederlassung / wir /.

_____ (1)

der / Exportabteilung / Herr / kann / kurz / mal / Jäger / von / vorbeikommen / ?

_____ (1)

in / können / meinem / nachschauen / Sie / Terminkalender / ?

_____ (1)

/ 50

Lektion 3

Unternehmen

Titel und Funktionen

1 **Kreuzen Sie die Titel und Funktionsbezeichnungen an, die auf den Visitenkarten stehen.**

TITEL

Dipl.-Betriebswirt	=	Diplom-Betriebswirt	☐
Dipl.-Kaufmann	=	Diplom-Kaufmann	☐
Dipl.-Chem.	=	Diplom-Chemiker	☐
Dipl.-Phys.	=	Diplom-Physiker	☐
Dipl.-Ing.	=	Diplom-Ingenieur	☐
Dr.	=	Doktor	☐

LEITUNG DES UNTERNEHMENS

UNTERNEHMENSFORM	GESCHÄFTSFÜHRUNG/FUNKTION	
AG (Aktiengesellschaft)	Vorstand – Vorsitzender des Vorstands – Stellvertretender Vorsitzender – Mitglied des Vorstands, Direktor	 ☐ ☐ ☐
GmbH (Gesellschaft mit beschränkter Haftung)	Geschäftsführer	☐
KGaA (Kommanditgesellschaft auf Aktien) KG (Kommanditgesellschaft)	persönlich haftender (geschäftsführender) Gesellschafter	☐

LEITENDE ANGESTELLTE

LEITUNGSEBENE	FUNKTION	
Unternehmensbereich/ Geschäftsbereich	– Bereichsleiter, Bereichsdirektor – stellvertretender Leiter	☐ ☐
Hauptabteilung	– Hauptabteilungsleiter – stellvertretender Hauptabteilungsleiter	☐ ☐
Abteilung	– Abteilungsleiter – stellvertretender Abteilungsleiter	☐ ☐
Produktbereich	– Produktbereichsleiter	☐
Produktgruppe	– Produktgruppenleiter	☐
Referat	– Referatsleiter	☐

Dr. Ulrich Wienand
Persönlich haftender
geschäftsführender Gesellschafter

THG

THG KGaA
Gaußstraße 14
D-40235 Düsseldorf
Telefon (0211) 7 97-34 83
Telefax (0211) 7 98-41 44

Sternheimer & Walter

Peter W. Niemeyer
stellv. Leitung Technische Büros

Sternheimer & Walter GmbH
Rabenweg 7
D-42115 Wuppertal

Telex 8 591 484
Telefax (0202) 47 88 299
Tel. (0202) 47 88 (0)-272

Dipl.-Phys.
Dr. Erich Rappold

ABA

Projektleiter
Abteilung Forschung und Entwicklung

Kühbachstraße 17
D-81543 München
Telefon 089/65 88 43-14
Telefax 089/65 88 43-50

MANFRED WEDNER
Bereichsleiter
Verkauf

THYSSEN

THYSSEN UMFORMTECHNIK GMBH
Werk Langschede
Ardeyer Straße 100, D-58730 Fröndenberg
Postfach 20, D-58724 Fröndenberg
Tel. (0 23 78) 82 - 2 45, Tx 827758 thylg, Fax (0 23 78) 82 - 2 90
Autotelefon: (0172) 2 59 41 88

Werner M. Kramer
Geschäftsführer
General Manager

MPO   **Maschinenbau**
MPO Industries GmbH

Industriestraße 17
D-64385 Reichelsheim
Telefon (0 50 35) 82-274
Telex 4 15 966
Telefax (0 60 35) 38 51/23 84

Günter Siebert
Produktgruppenleiter
Glastechnik

PEGEL AG
Wagnerstraße 43
D-65719 Hofheim a. Ts.
Telefon (0 61 92) 20 91-69
Telex 4072188 peg d
Telefax (0 61 92) 80 94

PEGEL
GERÄTE

HAMMER-GRUPPE

DIETMAR BERGHOFF
Geschäftsführer der Firma
Peter Schemmer Röhrenfabrik GmbH

Büro
Telefon 06131/67 14 44-10
Telefax 06131/67 14 93
D-55120 Mainz

Privat
Telefon 06131/44 19 37
Am Fort Elisabeth 14
55131 Mainz

NETZSCH
Filtrationstechnik

Eberhard Krausse
Dipl.-Ing.

Geschäftsführer

NETZSCH-Filtrationstechnik GmbH
Gebrüder-Netzsch-Str. 19
95100 Selb/Bayern
Tel. (0 92 87) 75-700 · Tlx. 643 535
Telefax (0 92 87) 75-704
Privat: Mittelweißenbach 153
95100 Selb - Tel. (0 92 87) 7 78 88

Dr. Markus Wagner
Dipl.-Chemiker
Bereichsdirektor
P3-Produktentwicklung

pda

pda GmbH
Kesselstraße 17-23
D-40221 Düsseldorf
Telefon (0211) 33 14-16 24

Walter L. Hauser
Dipl. Ing.
Vizedirektor
Leiter des Teilbereichs IS
Verfahrens- und Umwelttechnik

Asea Brown Boveri AG
Postfach 8242
CH-8050 Zürich/Schweiz
Telefon (01) 315 25 12 oder (01) 31 53 12
Telex 823 790 74 ab ch
Telefax (01) 302 61 44

R
RODENSTOCK

Dr. Günther Guilino Dipl.-Ing.
Referatsleiter Physiologische u. Ophthalmologische Optik

Optische Werke G. Rodenstock · Geschäftsbereich Brillengläser
Isartalstraße 43 · D- 80469 München · ☎ 089/72 02-207 · Fax 089/72 02-148

2 Unterstreichen Sie alle Wörter, die Sie verstehen.

Technologie-Konzern mit neuer Führungsstruktur
Kleinere autonome Produktionseinheiten gebildet

Autoindustrie im Wandel?
In den Konzernen werden die Geschäfts- und Produktionsbereiche neu geordnet

Optimismus in Deutschlands Elektrobranche
In den nächsten Jahren werden bessere Umsätze erwartet

Neustrukturierung bei THG
Die Aktivitäten der Tochtergesellschaften werden besser koordiniert

DASA: Mehrheitsbeteiligung bei Fokker
Deutsche Aerospace zu 51 Prozent am niederländischen Flugzeugbauer beteiligt

Terratec: wirtschaftliche und ökologische Kooperation auf einem neuen Markt
50 osteuropäische Umweltprojekte suchen deutsche Partner mit Know-how

Chemie exportiert weniger
Exakte Zahlen werden erst im April bekannt gegeben

Siemens Österreich: Wechsel in der Direktionsetage
Produktivität etwas zurückgegangen, aber gute Chancen für das kommende Jahr

3 In Übung 4 werden folgende Verben und Substantive verwendet:

planen	_____	die Fertigung	_____
einführen	_____	der Stahl	_____
übernehmen	_____	der Kundendienst	_____
ausführen	_____	die Niederlassung	_____
herstellen	_____	das Teil	_____
prüfen	_____		
montieren	_____		

Schreiben Sie die Entsprechungen in Ihrer Muttersprache neben diese Wörter. Arbeiten Sie mit dem Wörterbuch.

Schreiben Sie die verschiedenen Etappen an die richtige Stelle.

FERTIGUNG UND VERKAUF

1. Die Fertigung wird im Detail geplant.

2. Der Stahl wird aus Korea eingeführt.

3. _____

4. _____

5. _____

6. _____

7. Der Kundendienst wird von den Niederlassungen übernommen.

Aluminiumteile werden in Belgien hergestellt.　　Die Maschinen werden in Stuttgart montiert.

Die fertigen Maschinen werden geprüft.　　50 % der Produktion werden ausgeführt.

Bildung des Partizips II

INFINITIV	PARTIZIP II	
planen prüfen 76.1	**ge**plant **ge**prüft	schwache Verben vou AIS
arbeiten woßk bilden foßr/sßme rechnen cAicuuru	**ge**arbeit**et** **ge**bild**et** **ge**rechn**et**	schwache Verben mit Verbstamm auf -d oder -t oder auf Konsonant + n
nehmen TAKe geben Givo	**ge**nomm**en** * **ge**geb**en**	starke Verben (SRoßr
herstellen M AnnfACTuRe vorbeikommen conFßym	her**ge**stell**t** vorbei**ge**komm**en**	trennbare Verben SPcit/sßnßmßn
entschuldigen übernehmen TAke ovuk	entschuldig**t** * übernomm**en**	untrennbare Verben
montieren Assßnive/nonu informieren infoßn	mont**iert** inform**iert**	Verben auf -ieren

Passiv (3. Person)

SINGULAR	er, sie, es	Die Fertigung wird geplant.
PLURAL	sie	Die Maschinen werden montiert.

Unterstreichen Sie alle Passivformen in den Zeitungstiteln der Aufgabe 2.　　5

6 Bilden Sie Sätze im Passiv und verwenden Sie die Partizipien aus dem Schüttelkasten.

1. In diesem Konzern / neue Geschäftsbereiche

_____

2. Die Aktivitäten / besser

_____

3. Die Tochtergesellschaften / über die neue Führungsstruktur

_____

4. Das Material / dringend

_____

5. Von wem / die Verkaufsabteilung

_____

6. Die neuen Modelle / in den USA

_____

7. Die Termine / immer am Montag

_____

produziert   vereinbart   informiert   koordiniert   gebildet   geleitet   gebraucht

Trennbare Verben

INFINITIV	
abgeben	Geben Sie das Gepäck an der Garderobe ab !
anrufen	Herr Schmidt ruft Sie heute abend an .
bekannt machen	Ich mache Sie dann auch mit dem neuen Direktor bekannt .
bekannt geben	Er gibt die Resultate bekannt .
kennen lernen	Hier lernt man viele Amerikaner kennen .
nachschauen	Schauen Sie doch bitte im Katalog nach !
vorbeikommen	Wann kommen Sie vorbei ?
vorstellen	Ich stelle Ihnen Herrn Müller vor .
zurückgehen	Die Produktivität geht zurück .

Bilden Sie Sätze. 7

Beispiel: Herr Schmidt / Sie / mit dem Verkaufsleiter / bekannt machen / .
Herr Schmidt macht Sie mit dcm Verkaufsleiter bekannt.

1. Auf der Messe / Sie / viele Leute / kennen lernen / .
2. Ich / Sie / morgen / anrufen / .
3. Am Montag / wir / unsere neuen Modelle / vorstellen / .
4. Ich / in seinem Terminkalender / nachschauen / .
5. Bitte / Sie / die Diskette / im Büro / abgeben / !
6. Bitte / Sie / bei der Polizei / vorbeikommen / !

Bei den trennbaren Verben liegt der Wortakzent auf der Vorsilbe. Hören Sie und schreiben Sie die Verben jeweils in die richtige Spalte. 8

trennbare Verben

1. *herstellen*
2.
3.
4.
5.
6.
7.
8.
9.

untrennbare Verben

1. *entschuldigen*
2.
3.
4.
5.
6.
7.
8.
9.
10.
11.

Gespräch über Lieferfristen

△ Schön, damit ist für uns wohl alles klar, Herr Dr. Albers. Schicke ich die Bestellung direkt an Sie?

● Nein, schicken Sie sie lieber gleich an Herrn Riemek, unseren Verkaufsleiter! Die Verkaufsabteilung braucht die genauen Spezifizierungen, dann geht der Auftrag sehr schnell in die Produktion.

△ Hoffentlich gibt es keine Probleme mit den Lieferfristen. Sie wissen ja, wir brauchen das Material sehr dringend.

● Dann wenden Sie sich an Herrn Haas von der Fertigungsabteilung. Er kümmert sich bei uns um die Terminplanung, und er ist sehr zuverlässig. Sie können sich auf mich beziehen.

△ Ja, danke. Ist übrigens Herr Gundlach noch bei Ihnen?

● Ja, ja, aber er leitet jetzt den Elektronikbereich, eine sehr interessante Stelle.

von - vom - von der

Das ist Herr Schmidt	von	Krupp Hoechst
	von der	Fertigungsabteilung Firma Transinstruments Glastechnik Daimler-Benz AG Produktion
	vom	Verkauf Elektronikbereich Messebüro

Spielen Sie die Szene in der Klasse.

9

Beispiel: △ *Ist das dort Herr Steiner von der Fertigungsabteilung?*
● *Nein, das ist Herr Siemer. Er ist für den Elektronikbereich zuständig.*
△ *Und die Dame neben ihm?*
● *Frau Dr. Harlfinger. Sie ist Abteilungsleiterin in der Fertigung.*

△ *Ist das dort Herr / Frau ... von der ...abteilung?*
● *Nein, das ist Herr / Frau ... Er / Sie ist für den ...bereich zuständig.*
△ *Und die Dame / der Herr neben ihm / ihr?*
● *Herr / Frau ... Er / Sie ist ...*

Ergänzen Sie.

10

1. Wann sprechen Sie mit Frau Burger _____ Firma Hager?
2. Wenden Sie sich bitte an Herrn Müller _____ Produktion!
3. Kann ich bitte mit Frau Peters _____ Verkauf sprechen?
4. Kennen Sie schon Herrn Berghoff _____ Hoechst?
5. Sprechen Sie am besten mit Frau Selters _____ Deutschen Aerospace!
6. Fragen Sie Herrn Wolters _____ Messebüro!
7. Um 19.00 Uhr treffe ich Dr. Meinders _____ Dornier.
8. Wo finde ich Herrn Van Laan _____ Fertigungsabteilung?

Ersetzen Sie jeweils ein Element durch die Angabe auf dem Band. Fügen Sie bei den Nomen den Artikel hinzu.

11

Beispiel: *Die Verkaufsabteilung braucht die Spezifizierungen.*
(Wir)
Wir brauchen die Spezifizierungen.

1. *(Material)*
...

12 **Bilden Sie Sätze nach dem folgenden Modell.**

Beispiel: Es gibt keine Probleme. / hoffentlich
Hoffentlich gibt es keine Probleme.

1. Ich habe keine Zeit. / leider

2. Wir brauchen das Material dringend. / natürlich

3. Ich bin in Hannover. / heute

4. Ich kann einen Termin mit ihm vereinbaren. / vielleicht

5. Er kommt morgen. / hoffentlich

6. Die neuen Modelle werden in den USA montiert. / jetzt

7. Wir sehen uns am Stand. / dann

8. Er nimmt den Flug um 12.00 Uhr. / morgen

9. Ich habe mich um die Technik gekümmert. / selbstverständlich

Pronomen

NOMINATIV

Ist hier ein Taxistand?	Ja, hier ist einer .	Nein, hier ist keiner .
Ist hier eine Garderobe?	Ja, hier ist eine .	Nein, hier ist keine .
Ist hier ein Hotel?	Ja, hier ist eins .	Nein, hier ist keins .
Sind hier deutsche Firmen?	Ja, hier sind welche .	Nein, hier sind keine .

AKKUSATIV

Haben Sie einen Katalog?	Ja, ich habe einen .	Nein, ich habe keinen .
Haben Sie eine Bestätigung?	Ja, ich habe eine .	Nein, ich habe keine .
Haben Sie ein Modell?	Ja, ich habe eins .	Nein, ich habe keins .
Haben Sie Disketten?	Ja, ich habe welche .	Nein, ich habe keine .

13 **Antworten Sie.**

Beispiel: △ Ist hier ein Telefon?
● Nein, hier ist keins.

1. Arbeitet hier ein amerikanischer Ingenieur? Nein, …
2. Arbeiten hier amerikanische Ingenieure? Ja, …
3. Gibt es Probleme? Nein, …
4. Brauchen Sie neue Motoren? Ja, ich …
5. Brauchen Sie einen neuen Motor? Nein, wir …
6. Kennen Sie ein gutes Hotel? Ja, ich …
7. Stellen Sie Flugzeuge her? Nein, wir …
8. Gibt es auf der Messe ein Pressezentrum? Ja, …

Konjugation Präsens (3)

INFINITIV	Verbstamm auf -d, -t oder auf Konsonant +n	Vokaländerung im Verbstamm			
	leiten	treffen	sprechen	sehen	nehmen
1. PERSON Singular Plural	ich leite wir leiten	ich treffe wir treffen	ich spreche wir sprechen	ich sehe wir sehen	ich nehme wir nehmen
2. PERSON Höflichkeits- form (Singular und Plural)	Sie leiten	Sie treffen	Sie sprechen	Sie sehen	Sie nehmen
3. PERSON Singular – Maskulinum – Femininum – Neutrum Plural	er leitet sie leitet es leitet sie leiten	er trifft sie trifft es trifft sie treffen	er spricht sie spricht es spricht sie sprechen	er sieht sie sieht es sieht sie sehen	er nimmt sie nimmt es nimmt sie nehmen

Ergänzen Sie.

14

1. (sehen) Er_____ den Taxistand nicht.
2. (leiten) Wer _____ die Fertigungsabteilung?
3. (sprechen) _____ Frau Mayer morgen mit ihm?
4. (treffen) Morgen _____ er ihn hier um 9.00 Uhr.
5. (nehmen) _____ die Ingenieure den Flug um 17.00 Uhr?

Reflexive Verben / Konjugation Präsens

1. PERSON Singular Plural	ich wende wir wenden	mich uns	an Herrn Haas an Herrn Haas
2. PERSON Höflichkeitsform (Singular und Plural)	Sie wenden	sich	an Herrn Haas
3. PERSON Singular – Maskulinum – Femininum – Neutrum Plural	er wendet sie wendet es wendet sie wenden	sich sich sich sich	an Herrn Haas an Herrn Haas an Herrn Haas an Herrn Haas

15 Ergänzen Sie.

1. (sich ... wenden) Frau Weber _____ _____ an den Verkaufsleiter.
2. (sich ... kümmern) Wir _____ _____ um den Auftrag.
3. (sich ... beziehen) Wir _____ _____ auf Ihren Katalog.
4. (sich ... wenden) Sie können _____ direkt an unseren Direktor _____ .
5. (sich ... interessieren) Er _____ _____ für den Elektronikbereich.

Imperativ

> Geben Sie mir seine Adresse!
> Kümmern Sie sich bitte um ein Hotel!
> Schauen Sie bitte im Katalog nach !

16 Bilden Sie Sätze im Imperativ.

Beispiel: *die Bestellung / lieber gleich an unseren Verkaufsleiter / schicken*
       Schicken Sie die Bestellung lieber gleich an unseren Verkaufsleiter!

1. um 9.00 Uhr / zum Messestand / kommen
2. Herrn Sattelberger / anrufen / und / auf mich / sich beziehen
3. nach der Messe / vorbeikommen
4. an die Exportabteilung / sich wenden
5. den Katalog / an Frau Weber / schicken
6. die Termine / bis Dienstag / planen
7. mal eben / in seinen Terminkalender / schauen
8. den Lufthansa-Flug um 10.30 Uhr / nehmen
9. am besten / mit der Entwicklungsabteilung / sprechen
10. doch mal / unsere Sekretärin / fragen

17 Bilden Sie Sätze.

Wende Kümmern Interessiert	Sie er ich	sich mich	um den Auftrag für die Fertigung an die Sekretärin	?
Wenden Beziehen Kümmern	Sie	sich	um den Flug an Frau Oppermann auf mich	!
Wir Ich Er	kümmert interessiere beziehen	mich uns sich	auf Ihre Broschüre für den Verkauf um die Terminplanung	.

Neue Tätigkeitsbereiche

△ Freut mich, Sie wiederzusehen, Herr Finkel. Was machen Sie denn jetzt?

● Seit einem halben Jahr bin ich bei Siemens für das neue Projekt Orion verantwortlich. Wir sind ein kleines Team von neun Ingenieuren in Erlangen und arbeiten eng mit der Abteilung Forschung und Entwicklung zusammen.

△ Wird die noch von Dr. Frank geleitet?

● Ja, noch bis Ende Juni. Dann übernimmt Herr Bell die Abteilung.

△ Und Dr. Frank?

● Er übernimmt unsere Tochtergesellschaft in Italien.

△ Dann haben Sie wahrscheinlich auch Kontakte zum Bereich Logistik?

● Eigentlich sehr wenig. Wir arbeiten mehr mit der Technik zusammen.

ab, seit

```
        früher         · jetzt        später
      <===========·===X===···=========>
      |---------seit---------->
                    |----------ab--------->
```

seit / ab	heute Montag, … Mai Anfang / Mitte / Ende Mai dem 3. (dritten) April 7.00 Uhr
ab	morgen nächster Woche nächstem Monat / Jahr
seit	gestern letzter Woche letztem Monat / Jahr einem halben Jahr einigen Jahren

18 **Ergänzen Sie mit „ab" oder „seit".**

1. Er arbeitet _____ 1990 in der Verkaufsabteilung.
2. Er arbeitet _____ zwei Wochen in der Verkaufsabteilung.
3. Er arbeitet _____ Mitte nächster Woche in der Verkaufsabteilung.
4. Er arbeitet _____ vier Jahren in der Verkaufsabteilung.
5. Er arbeitet _____ nächstem Montag in der Verkaufsabteilung.

19 **Spielen Sie die Szene in der Klasse.**

SIEMENS

Siemens AG
Bereich Öffentliche Kommunikationsnetze
Organisation

Hofmannstraße 51
D-81359 München
Tel. (0 89) 7 22 - 2 75 15
Fax (0 89) 7 22 - 2 50 15

Dipl.-Ing.
Siegfried Bell
Oberingenieur

Privat: Tel. (0 81 30) 48 12

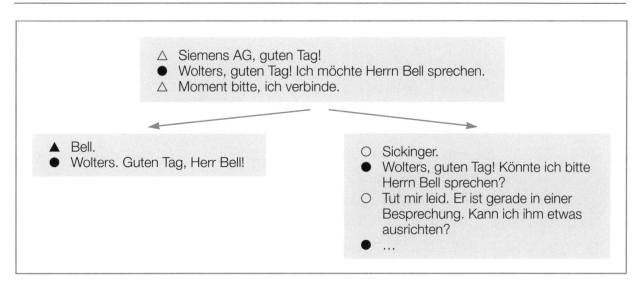

telefonieren

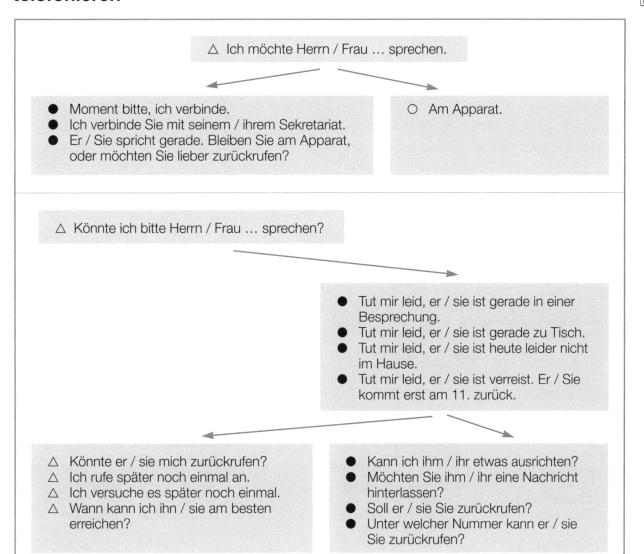

20 Ergänzen Sie mit den passenden Verben.

1. _____ Sie am Apparat!
2. _____ Sie zurückrufen?
3. Könnte er mich _____ ?
4. Ich _____ Sie mit seinem Sekretariat.
5. Ich _____ Frau Schmittmann _____ .
6. _____ ich ihm etwas _____ ?
7. _____ er Sie _____ ?
8. Ich _____ es später noch einmal.
9. Er _____ gerade in einer Besprechung.
10. Ich _____ später noch einmal _____ .
11. Er _____ gerade.
12. Unter welcher Nummer _____ er Sie _____ ?
13. Wann _____ ich ihn am besten _____ ?

21 Ergänzen Sie mit der passenden Präposition.

1. Er ist gerade _____ Tisch.
2. Er ist heute leider nicht _____ Hause.
3. Müller _____ Apparat.
4. _____ welcher Nummer können wir ihn erreichen?
5. Können Sie mich _____ seiner Sekretärin verbinden?
6. Sie kommt erst _____ Montag zurück.
7. Er ist bis 11.00 Uhr _____ einer Besprechung.
8. Rufen Sie bitte _____ 15.00 Uhr zurück!

am
um   in   mit
im   zu   am
unter

22 Bilden Sie Mini-Dialoge.

Beispiel: △ Könnte ich Herrn … sprechen?   (+ verbinden)
           ● Moment bitte, ich verbinde!
                                                    (– zu Tisch)
           ● Tut mir leid, er ist gerade zu Tisch.

Hr. Holderegger	von der	Abteilung Forschung und Entwicklung	– verreist
Fr. Stillhart		Einkaufsabteilung	+ verbinden … Sekretariat
Hr. Schwander		Marketingabteilung	– zu Tisch … Nachricht
Fr. Kistler		Verkaufsabteilung	– Besprechung … soll … zurückrufen
Fr. Bühler		Abteilung Umwelttechnik	– verreist … erst am Montag
Hr. Stadler		Logistikabteilung	+ verbinden
Hr. Steinauer		Ausbildungsabteilung	– nicht im Hause … ausrichten
Fr. König		Personalabteilung	– verreist … Nachricht hinterlassen
Fr. Wittmann		Fertigungsabteilung	– zu Tisch … Nummer … zurückrufen
Fr. Schaller		Exportabteilung	+ Apparat

Buchstabiertafel

A	=	Anton	J	=	Julius	S	=	Samuel
Ä	=	Ärger	K	=	Kaufmann	Sch	=	Schule
B	=	Berta	L	=	Ludwig	T	=	Theodor
C	=	Cäsar	M	=	Martha	U	=	Ulrich
D	=	Dora	N	=	Nordpol	Ü	=	Übermut
E	=	Emil	O	=	Otto	V	=	Viktor
F	=	Friedrich	Ö	=	Ökonom	W	=	Wilhelm
G	=	Gustav	P	=	Paula	X	=	Xanthippe
H	=	Heinrich	Q	=	Quelle	Y	=	Ypsilon
I	=	Ida	R	=	Richard	Z	=	Zacharias

Hören Sie.

23

△ Peter Chotjewitz.
● Peter ... wie bitte?
△ Chotjewitz, Cäsar, Heinrich, Otto, Theodor, Julius, Emil, Wilhelm, Ida, Theodor, Zacharias.
● Ach ja, Chotjewitz.
△ Richtig.

Spielen Sie ähnliche Szenen in der Klasse.

24

Buchstabieren Sie die Namen.

25

1. Wenden Sie sich an Frau *Stempfle!*
2. Schicken Sie den Auftrag direkt an Herrn *Koppmaier!*
3. Wir sind in der *Aachener* Straße Nr. 7.
4. Ich verbinde Sie mit Herrn *Wagenknecht.*
5. Das Büro ist in der *Maximilianstraße.*
6. Unsere Tochtergesellschaft ist in *Wipperfürth* (Sauerland).
7. Das ist in *Osnabrück.*
8. Rufen Sie direkt in *Chemnitz* an!

Buchstabieren Sie die Familiennamen.

26

Übersetzungen		*278*

● *Mainz (0 61 31)*

Finsterwald G. Rheinallee 16	23 34 12	Grieser F. Implerweg 13	76 22 79
Fischbach T. Stiegelgasse 11	61 99 72	Häusler M. Theodorstr. 22	89 64 89
Flink G. Corneliusstr. 16	82 77 23	Hahn M. Boppstr. 3	84 02 38
Flora W. Pickelstr. 41	98 48 47	Hambruch L. Zentnerstr. 64	72 50 61
Fromm P. Seidenweg 4	37 12 43	Körner S. beeid. Übersetzer	
Giannakis I. Dipl.Dolm.		Karlsplatz 34	91 99 82
Taxisstr. 14	48 33 41	Köstler R. beeid. f. Spanisch	
Gonna E. Kaiserstr. 11	63 67 14	Rheinallee 11	67 44 50
Görg H. Erhardstr. 16	78 02 04	Kötz H.-J. Frauenlobstr. 34	63 36 22
Gohla K. Dipl.Dolm.		Kopecky I. Dipl.Übersetzerin	
Sertoriusring 5	88 25 68	Elsa-Brandströmstr. 55	47 53 15
Graef H. Hildebogstr. 14	30 69 54	Kosbahn W. Dipl.Übersetzer u.	
Grgic E. Stiegelgasse 65	77 13 45	Dolm. Augustinergasse 4	61 77 14
		Kreuzer V. Neckarstr. 25	76 42 59

Information und Organisation

27 Schreiben Sie die Informationen zu den anderen Ressorts.

BENEX AG München **Hochschulabsolventen**

Ressort	
Qualitätssicherung	24,2 %
Einkauf	16,9 %
Entwicklung	61,3 %
Fertigung	22,4 %
Kaufmännischer Bereich	32,4 %
Personal	15,7 %
Vertrieb	36,6 %

Im Ressort Qualitätssicherung gibt es 24,2 % Hochschulabsolventen.

_____

_____

_____

_____

_____

28 In dem Organigramm der Industrie- und Handelskammer für München und Oberbayern aus Aufgabe 29 fehlen die Namen der Abteilungen I bis X. Diese Namen bestehen aus den folgenden Wörtern:

Berufsbildung	_____	Steuern	_____
Umweltfragen	_____	Weiterbildung	_____
Recht	_____	Personal	_____
Außenwirtschaft	_____	Haushalt	_____
Organisation	_____	Industrie	_____
Dienstleistungen	_____	Öffentlichkeitsarbeit	_____
Handel	_____	Verkehr	_____
Technologie	_____	Stadtentwicklung	_____
Volkswirtschaft	_____		

Schreiben Sie – mit Hilfe Ihres Wörterbuches – die Entsprechungen in Ihrer Muttersprache daneben.

Im folgenden Organigramm fehlen die Namen der Abteilungen. Tragen Sie sie ein. Verwenden Sie dabei die Wörter aus Aufgabe 28. Beachten Sie, dass die Namen mancher Abteilungen mehrere Wörter umfassen.

I.	II.	III.	IV.	V.
____	____	____	____	____
1. Wirtschaftspolitik	1. Rechts-, Finanz- und Steuer- politik, EG-Recht	1. Industrie-, For- schungs- und Umweltpolitik	1. Handel, Dienstleistungs- gewerbe, Fremdenverkehr	1. Verkehrspolitik
2. EG-Binnenmarkt, Konjunktur, Arbeitsmarkt	2. Wettbewerbs- recht, Einigungs- stelle	2. Industrie- förderung und -ansiedlung, Umweltschutz, Energieversor- gung	2. Gewerberecht, Ausländerrecht, Verbraucher- fragen	2. Personenverkehr
3. Regionalplanung, Strukturfragen, Wirtschafts- förderung	3. Firmengründung und -eintragung, Gesellschafts- recht	3. Neue Technolo- gien	3. Kreditinstitute, Versicherungen	3. Güterverkehr, Luftverkehr, Post / Tele- kommunikation
		4. Technologie- und Energie- beratung Daten- banken, Techno- logiebörse		4. Stadtplanung und -entwicklung Münchens

VI.	VII.	VIII.	IX.	X.
____	____	____	____	____
1. Außenwirt- schaftspolitik, Außenhandels- kammern, Konsulate	1. Bildungspolitik	1. Weiterbildungs- politik	1. Medienpolitik	1. Grundsatzfragen, Haushalt und Personal
2. Entwicklungs- politik	2. Ausbildungs- betreuung	2. Kaufmännische Lehrgänge, Prüfungen	2. Redaktion „Industrie und Handel" (Nachrichten)	2. Kammer- zugehörigkeit, Beitrag
3. Außenwirt- schaftsrecht	3. Prüfungswesen	3. Technische Lehrgänge, Prüfungen	3. Pressestelle	3. Organisation
4. Auslands- kooperation, Außenhandels- schulung		4. Seminare für Unternehmens- und Personal- führung	4. Bibliothek	4. Daten- verarbeitung
5. Zoll, Beglaubi- gungen und Ursprungs- zeugnisse		5. Seminare für Technik und Innovation		

30 Silbenrätsel

Aus den Silben können Sie zehn zusammengesetzte Wörter bilden, eines aus jeder der zehn Abteilungen aus Aufgabe 29. Schreiben Sie das Wort neben die jeweilige Abteilung und notieren Sie daneben die Entsprechung in Ihrer Muttersprache. Benutzen Sie, wenn nötig, Ihr Wörterbuch.

Abteilung	Deutsch	Muttersprache
I		
II		
III		
IV		
V		
VI		
VII		
VIII		
IX		
X		

ar – ar – aus – be – be – bei – beit – bil – da – de – dienst – dung – dung – fent – fir – för – füh – ge – grün – keits – ko – lands – lei – lich – men – nal – nung – öf – on – ope – per – pla – ra – rufs – rung – rung – schafts – schutz – so – stadt – stungs – ten – ti – tung – um – ver – welt – wer – wirt

Lesen Sie den Text und ergänzen Sie ihn mit den Wörtern aus dem Schüttelkasten. (Es geht hier nicht darum, jedes einzelne Wort zu verstehen.)

---

pda PERSONALWESEN

BEKANNTMACHUNG NR. 106-60 B

Personelle und organisatorische Änderungen

Die _____ hat mit Wirkung vom 01.04.19.. folgende personelle und organisatorische Änderung beschlossen:

Herr **Dr. Werner A l b r e c h t** übernimmt als _____ die neue Hauptabteilung FKT - "Fertigungs- und Kontrolltechnik". Dieser Hauptabteilung sind die _____.

       FT - "Fertigungstechniken" (bisher FTK)
       unverändert unter der _____ von Herrn Dr. Müller

       KT - "Kontrolltechniken" (bisher KTK)
       unverändert unter der _____ von Herrn Burger

       WP - "Werkstoffprüfung" (neue Abteilung)
       unter _____ von Frau Dr. Siemer (bisher Leiterin FTK)

zugeordnet.

Herr **Walter F i n k** übernimmt als Hauptabteilungsleiter die _____ BC - "Betriebswirtschaftliches Controlling".

Herr **Dr. Paul L u t h e r** übernimmt die Hauptabteilung PR - "Projekte".

Frau **Beate van E i k e n** übernimmt die _____ PA - "Personal Angestellte".

München, den 31.01.19..

Vor Veröffentlichung
Kenntnis genommen:

Hoffmann

Betriebsrat

Becker

PE - Dr. Becker

Schüttelkasten: Hauptabteilung · Leitung · Abteilung · Geschäftsführung · Abteilungen · Leitung · Hauptabteilungsleiter · Leitung

Perfekt

schwache Verben
suchen: Wir haben den Stand der Lufthansa gesucht .
arbeiten: Er hat zehn Jahre bei Siemens gearbeitet .

starke Verben
sprechen: Ich habe mit ihm gesprochen .

trennbare Verben
herstellen: Wir haben die Maschinen in Hamburg hergestellt .
anrufen: Er hat mich gestern angerufen .

untrennbare Verben
verkaufen: Wir haben viele Maschinen verkauft .
übernehmen: Frau Reisinger hat die Personalabteilung übernommen .
beschließen: Wer hat das beschlossen ?

Verben auf „-ieren"
telefonieren: Ich habe mit Herrn Müller telefoniert .

Konjugation mit „sein"
vorbeikommen: Er ist noch nicht vorbeigekommen .

---

32 Ordnen Sie die Infinitivformen aus dem Schüttelkasten zu und schreiben Sie die Entsprechungen in Ihrer Muttersprache daneben. Arbeiten Sie mit dem Wörterbuch.

Perfekt	Infinitiv	Entsprechung in der Muttersprache
ist ... gefahren	_____	_____
hat ... verkauft	_____	_____
hat ... umgesetzt	_____	_____
hat ... beschert	_____	_____
hat ... verdoppelt	_____	_____
hat ... gesteigert	_____	_____
hat ... erhalten	_____	_____
hat ... ausgedehnt	_____	_____
ist ... gestiegen	_____	_____
hat sich ... beteiligt	_____	_____
hat ... beschäftigt	_____	_____
hat ... investiert	_____	_____
ist ... gekommen	_____	_____
ist ... gewesen	_____	_____

fahren verkaufen
erhalten
steigern
bescheren kommen
ausdehnen investieren
sein
sich beteiligen umsetzen
verdoppeln
beschäftigen steigen

Im nachstehenden Text wird über die Geschäftsentwicklung verschiedener Firmen berichtet. Es geht dabei um Informationen zu den folgenden Aspekten:

1. Arbeitnehmer
2. Auftrag (Auftragseingang, Bestellung)
3. Umsatz (Erlös)
4. Investitionen

Suchen Sie im Wörterbuch die Entsprechungen zu diesen Begriffen und schreiben Sie diese daneben. Lesen Sie dann den Text und unterstreichen Sie alle wichtigen Informationen, soweit sie die vier Stichpunkte betreffen. (Sie brauchen den Text nur in Bezug auf diese Informationen zu verstehen).

Firmen-Telegramm

Die Kaufhof-Holding hat ihre Tochter Völkner in Braunschweig an Klaus Conrad verkauft. Das Spezialunternehmen für elektronische Bauelemente und Geräte hat im vergangenen Jahr rund 76 Millionen Mark umgesetzt und beschäftigt 279 Arbeitnehmer.

★ ★ ★

Die florierende Baukonjunktur hat Heidelberger Zement in den ersten fünf Monaten des laufenden Geschäftsjahres ein Umsatzplus von 18 Prozent beschert. Die Sparte Beton/Baustofftechnik hat die Erlöse sogar fast verdoppelt.

★ ★ ★

Der Essener Baukonzern Hochtief hat in den ersten fünf Monaten des laufenden Geschäfts-

jahres den Auftragseingang um 17 Prozent auf 1,7 Milliarden Mark gesteigert.

★ ★ ★

Das Chemie- und Pharma-Unternehmen Schering will in den nächsten fünf Jahren in Berlin 350 Millionen Mark investieren.

★ ★ ★

Das Konsortium Mannesmann Demag/Asea Brown Boveri hat von der koreanischen Kia Steel einen Auftrag zum Bau eines Elektro-Stahlwerks erhalten. Die Bestellung hat insgesamt einen Wert von 100 Millionen Mark.

Frankfurter Rundschau

Bilden Sie Sätze, die den Inhalt des vorstehenden Textes wiedergeben. 34

Hochtief	hat	einen Auftrag	um 18 %	gesteigert
Schering	will	den Auftragseingang	76 Millionen DM	erhalten
Heidelberger Zement	beschäftigt	den Umsatz	über 100 Millionen DM	investieren
Mannesmann Demag/ABB		—	279 Arbeitnehmer	umgesetzt
Völkner			350 Millionen DM	—
			um 17 %	

35 Schreiben Sie die Partizipien neben die Infinitive. Arbeiten Sie, wenn nötig, mit dem Wörterbuch.

SCHWACHE VERBEN

1.

antworten	*geantwortet*	leiten	
arbeiten		machen	
bilden		planen	
brauchen		prüfen	
fragen		rechnen	
sich freuen		schauen	
führen		schicken	
handeln		steigern	
hören		suchen	
sich kümmern		warten	

2. untrennbare Verben

beschäftigen	*beschäftigt*	erreichen	
bescheren		verdoppeln	
sich beteiligen		vereinbaren	
entschuldigen		verkaufen	
ergänzen		versuchen	
erklären		wiederholen	

3. trennbare Verben

aus/dehnen	*ausgedehnt*	kennen lernen	
aus/führen		nach/schauen	
aus/füllen		um/setzen	
aus/richten		vor/stellen	
bekannt machen		zu/ordnen	
ein/führen		zusammen/arbeiten	
her/stellen			

4. Verben auf „-ieren"

formulieren	*formuliert*	montieren	
informieren		notieren	
(sich) interessieren		produzieren	
investieren		telefonieren	

Bilden Sie Sätze im Perfekt.

Beispiel: Frau Bader / um fünf Uhr / telefonieren /.
Frau Bader hat um fünf Uhr telefoniert.

1. die Produktion / wir / verdoppeln /.
2. Herr Riemek / mit Frau Oppermann / telefonieren /.
3. die Maschinenteile / Sie / schon / prüfen / ?
4. das Formular / Sie / ausfüllen / ?
5. ich / Herrn Weber / auf der Messe / kennen lernen /.
6. um das Hotel / Sie / sich kümmern / ?
7. die Preise / Sie / notieren / ?
8. noch keinen Termin / wir / vereinbaren /.
9. die Telefonnummer / er / wiederholen /.
10. er / für die neuen Computer / sich interessieren /.

Schreiben Sie die Partizipien aus dem Kasten neben die Infinitive. In sechs Fällen sind keine entsprechenden Partizipien angeführt. Sie können diese Partizipien von den bereits angegebenen Formen ableiten. Arbeiten Sie, wenn nötig, mit dem Wörterbuch.

STARKE VERBEN

1.

fahren	ist _____	nehmen	_____
geben	_____	schreiben	_____
gehen	ist _____	sehen	_____
heißen	_____	sprechen	_____
kennen	_____	steigen	ist _____
kommen	ist _____	treffen	_____
lassen	_____	sich wenden	_____
lesen	_____	wissen	_____

2. untrennbare Verben

beschließen	_____	erkennen	_____
bestehen	_____	hinterlassen	_____
beziehen	_____	übernehmen	_____
entscheiden	_____	verbinden	_____
erhalten	_____		

3. trennbare Verben

ab/geben	_____	vorbei/kommen	ist _____
an/rufen	_____	zurück/rufen	_____

beschlossen bestanden geschrieben gelesen angerufen geheißen bezogen gegeben

gekannt entschieden gestiegen gewußt getroffen gegangen genommen gekommen gewandt

gesehen verbunden gelassen gesprochen erhalten gefahren

38 **Bilden Sie Sätze im Perfekt.**

Beispiel: *er / mich / nicht / zurückrufen / .*
Er hat mich nicht zurückgerufen.

1. ich / mit Herrn Meißner / sprechen / .
2. die Geschäftsführung / Änderungen / beschließen / .
3. der Umsatz / letztes Jahr / steigen / .
4. Sie / das / nicht / wissen / ?
5. Sie / die Kataloge / sehen / ?

6. ich / am Stand / vorbeikommen / .
7. Sie / die Disketten / abgeben / ?
8. Herr Wolters / zur Messe / fahren / .
9. Frau Biermann / die Firma in Frankreich / anrufen / .
10. Ich / ihn / leider nicht / treffen / .

39 **Hören Sie und antworten Sie.**

△ Schreiben Sie den Brief!
● Ich habe den Brief schon geschrieben.

△ Suchen Sie den Katalog!
● Ich …

40 **Bilden Sie die Fragen.**

Beispiel: *die Presseabteilung anrufen*
Haben Sie schon die Presseabteilung angerufen?

1. einen Termin bei Siemens vereinbaren
2. Herrn Mutter anrufen
3. die Konferenz planen
4. die Bestellung an Herrn Riemek schicken
5. Frau Oppermann zurückrufen

6. die Karten am Stand abgeben
7. Herrn Adler informieren
8. die Aufträge prüfen
9. die Kollegen aus Frankreich treffen
10. die Post lesen

41 **Bruchteile**

die Hälfte	=	$^1/_2$
ein Drittel, zwei Drittel, …	=	$^1/_3$, $^2/_3$ …
ein Viertel, drei Viertel, …	=	$^1/_4$, $^3/_4$, …
ein Fünftel, …	=	$^1/_5$, …
ein Sechstel, …	=	$^1/_6$, …
ein Siebtel, …	=	$^1/_7$, …
ein Achtel, …	=	$^1/_8$, …
ein Neuntel, …	=	$^1/_9$, …
ein Zehntel, …	=	$^1/_{10}$, …

Drücken Sie die Prozentangaben in Bruchteilen aus.

20 % _____	11,1 % _____
50 % _____	66,7 % _____
12,5 % _____	37,5 % _____
25 % _____	16,6 % _____
33,3 % _____	75 % _____

Sie haben etwas nicht verstanden

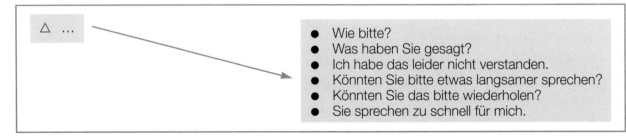

Begrüßungsformeln

△ Wie geht es Ihnen?
△ Was macht die Arbeit?

● Danke gut!
● Ich kann nicht klagen.
● Wir sind ganz schön im Stress.

um Erlaubnis bitten

△ Darf ich reinkommen?
△ Haben Sie einen Augenblick Zeit?

● Ja, bitte!
● Kommen Sie!
● Kommen Sie ruhig!
● Nehmen Sie doch bitte Platz!

△ Störe ich?

● Nein, überhaupt nicht!
● Nein, kommen Sie rein!

Grüße bestellen

△ Viele Grüße an Ihre Frau / Ihren Mann!
△ Grüßen Sie Ihre Frau / Ihren Mann von mir!
△ Bestellen Sie Ihrer Frau / Ihrem Mann viele Grüße!
△ Viele Grüße zu Hause!

● Ja, mache ich.
● Ja, werde ich ausrichten.

sich verabschieden

△ Auf Wiedersehen! *(außer am Telefon)*
△ Tschüs!
△ Auf Wiederhören! *(nur am Telefon)*

● Auf Wiedersehen!
● Tschüs!
● Auf Wiederhören!

△ Schönen Feierabend! *(gegen Ende des Arbeitstages)*
△ (Ein) schönes Wochenende!

● Danke, gleichfalls!

Ordnen Sie zu.

42

1. Wie geht es Ihnen?
2. Was macht die Arbeit?
3. Schönes Wochenende!
4. Haben Sie einen Augenblick Zeit?
5. Störe ich?
6. Viele Grüße an Ihren Mann!

a) Nein, kommen Sie rein!
b) Kommen Sie ruhig!
c) Ja, werde ich ausrichten.
d) Ich kann nicht klagen.
e) Danke, gut!
f) Danke, gleichfalls!

1	2	3	4	5	6

3D

 Taxibestellung

△ Taxi Tschirne, guten Abend!

● Albers, guten Abend! Schicken Sie bitte einen Wagen *in die Hanauer Straße, Nummer 7*!

△ Sofort?

● Ja, bitte. Ich warte *vor der Telefonzelle*.

△ Fahren Sie weit?

● *Zum Flughafen*.

△ Geht in Ordnung. Der Wagen ist *in fünf Minuten* da.

● Danke. Auf Wiederhören!

△ Auf Wiederhören!

43 **Ersetzen Sie die schräg gedruckten Elemente durch folgende.**

– zum Rathausplatz, Nummer 2
– in die Kennedyallee, Nummer 37
– zum Stadttheater

– zum Bahnhof
– in die Altstadt
– in die Weißenburger Staße

– am Eingang
– an der Treppe
– unten

– in einer Viertelstunde
– in zehn Minuten
– in zwanzig Minuten

Im Gasthaus

△ Guten Tag, Sie wünschen?

● Ein Bier, bitte! Ein kleines!

△ *Ein Pils*?

● Ja, gern, und haben Sie Zigaretten?

△ *Vorne an der Tür* ist ein Zigarettenautomat.

● Ich habe nur *einen Zwanzig-Mark-Schein*. Können Sie mir Kleingeld geben?

△ Ja, natürlich. Einen Moment, bitte!

Ersetzen Sie die schräg gedruckten Elemente durch folgende.

44

– ein Helles?	– am Eingang	– einen Hundert-Mark-Schein
– ein Weizenbier?	– an der Garderobe	– einen Zehn-Mark-Schein
– ein Export?	– neben der Toilette	– einen Fünfzig-Mark-Schein

An der Hotelbar

△ Guten Abend!

● Guten Abend, was darf es sein?

△ Einen Schnaps, bitte!
  Was können Sie mir empfehlen?

● Möchten Sie *einen Cognac*?

△ Nein, nein, einen deutschen Schnaps.

● Einen Korn oder einen Obstschnaps?

△ Haben Sie *einen Birnenschnaps*?

● Ja, hier bitte.

…

△ Ich möchte zahlen.

● Sind Sie hier im Hotel?

△ Ja, Zimmer Nummer 222.

● Unterschreiben Sie bitte hier!

Schnäpse			
126	Apfelkorn	25%	2 cl **DM 3,—**
127	Obstler	38%	2 cl **DM 3,20**
128	Doppelkorn	38%	2 cl **DM 3.50**
129	Steinhäger	38%	2 cl **DM 3,50**
130	Doornkaat	38%	2 cl **DM 3,50**
131	Enzian	40%	2 cl **DM 3,50**
132	Bommerlunder	38%	2 cl **DM 3,50**
133	Zwetschgenwasser	40%	2 cl **DM 3,50**
134	Himbeergeist	40%	2 cl **DM 3,50**
135	Kirschwasser	40%	2 cl **DM 3,50**
136	Williams Christ Birne	40%	2 cl **DM 3,50**
137	Wodka	40%	2 cl **DM 3,50**
138	Hansen Rum	40%	2 cl **DM 3,—**
139	Bacardi Rum	38%	2 cl **DM 4,50**
140	Malteserkreuz Aquavit	40%	2 cl **DM 4,50**
141	Cognac Hennessy	40%	2 cl **DM 4,80**

45 **Ersetzen Sie die schräg gedruckten Elemente durch folgende.**

– einen Whisky?
– einen Brandy?
– einen Grappa?

– einen Himbeergeist?
– ein Kirschwasser?
– ein Zwetschgenwasser?

Im Café

△ Was bestellen Sie denn, Frau Pavlova?

● Gibt es hier eine Spezialität?

△ *Der Käsekuchen* ist ausgezeichnet. Oder möchten Sie vielleicht ein Stück Obsttorte?

● Ja, warum nicht ein Stück Obsttorte?

△ Kirschtorte, Himbeertorte, Apfeltorte, Aprikosentorte, …?

● *Himbeertorte* esse ich sehr gern.

△ Und ein Kännchen Kaffee?

● Oh, ich trinke nicht so viel Kaffee. Nur eine Tasse Kaffee, bitte!

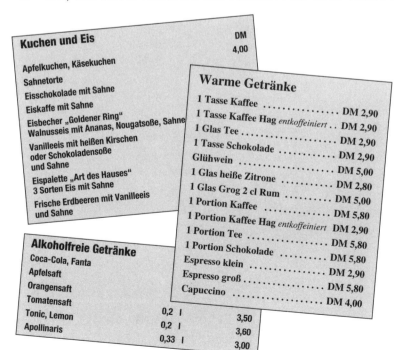

Kuchen und Eis	DM 4,00
Apfelkuchen, Käsekuchen	
Sahnetorte	
Eisschokolade mit Sahne	
Eiskaffe mit Sahne	
Eisbecher „Goldener Ring" Walnusseis mit Ananas, Nougatsoße, Sahne	
Vanilleeis mit heißen Kirschen oder Schokoladensoße und Sahne	
Eispalette „Art des Hauses" 3 Sorten Eis mit Sahne	
Frische Erdbeeren mit Vanilleeis und Sahne	

Warme Getränke	
1 Tasse Kaffee	DM 2,90
1 Tasse Kaffee Hag *entkoffeiniert*	DM 2,90
1 Glas Tee	DM 2,90
1 Tasse Schokolade	DM 2,90
Glühwein	DM 5,00
1 Glas heiße Zitrone	DM 2,80
1 Glas Grog 2 cl Rum	DM 5,00
1 Portion Kaffee	DM 5,80
1 Portion Kaffee Hag *entkoffeiniert*	DM 2,90
1 Portion Tee	DM 5,80
1 Portion Schokolade	DM 5,80
Espresso klein	DM 2,90
Espresso groß	DM 5,80
Capuccino	DM 4,00

Alkoholfreie Getränke		
Coca-Cola, Fanta		
Apfelsaft		
Orangensaft		
Tomatensaft		
Tonic, Lemon	0,2 l	3,50
Apollinaris	0,2 l	3,60
	0,33 l	3,00

Ersetzen Sie die schräg gedruckten Elemente durch folgende. **46**

– der Apfelstrudel
– die Sachertorte
– der Schokoladenkuchen

– Kirschtorte
– Apfeltorte
– Aprikosentorte

47 Für das folgende „Fragezeichen" hat der Autor sechs Wörter benutzt. Vier von ihnen können allein eine Antwort auf eine Frage sein. Welche?

ja nein oder
vielleicht oder entweder
eventuell entweder ja vielleicht
nein vielleicht oder eventuell nein
entweder nein   vielleicht oder
ja eventuell   ja eventuell
entweder ja   entweder ja
nein oder
ja vielleicht
eventuell ja
ja entweder
oder nein
vielleicht ja
eventuell ja
nein oder

nein
vielleicht
oder

48 Unterstreichen Sie alle Fragepronomen.

> ## Klatsch am Sonntagmorgen
>
> | | |
> |---|---|
> | Wer mit wem? | Wir mit ihr? |
> | Die mit dem! | Sie mit dir! |
> | Der mit der? | (Am Klavier) |
> | (Ohne Gewähr) | Du mit ihm! |
> | Sie und er? | Sie mit ihm! |
> | Der und er?? | Ich und du? |
> | Wer ist wer? | Who is who? |
>
> Horst Bienek

Diphthonge

		Schreibweise
[aɪ]	Mai, Preis	ai, ei, ey, ay
[aʊ]	brauchen, Frau	au
[ɔy]	Fräulein, deutsch	äu, eu

Hören Sie und wiederholen Sie.

49

nein, drei, …

Hören Sie und schreiben Sie die Wörter, die einen Diphthong enthalten, in die entsprechende Spalte.

50

[aɪ]	[aʊ]	[ɔy]

Aus den folgenden Silben können Sie fünf zusammengesetzte Wörter aus diesem Kapitel bilden.

51

AB	AB	AK	AR	AUF	BEIT	EIN	EN	GANG	GE	HOCH	LEI	LUNGS
MER	NEH	SCHAFT	SCHUL	SELL	SOL	TEI	TER	TI	TRAGS	VENT		

Aus den folgenden Buchstaben lässt sich jeweils ein Wort bilden, das mehrmals in diesem Kapitel vorkommt.

52

BCEEEEEHHIMNNNRRSTU   U _ _ _ _ _ _ _ _ _ _ _ _ _ _ _ _ _

ACCEEEFGHHLLORSSTTT   T _ _ _ _ _ _ _ _ _ _ _ _ _ _ _ _ _

53 Wörterrätsel

Die mittlere Zeile ergibt ein weiteres Wort.

1	2	3	4	5	6	7	8	9	10	11	12	13	14	15	16	17	18	19
		N								V			S					
	I	A		E		S			V	E			E		E			
A	N		E	R			L	O		R		B		F				
U						R	A	O			A	R	R	E			U	N
T	N	I		N	E		D	I	T	U		E					D	E
	I		I			T	E		A		E		A	T	S	S		
A	E		C		I	U	L	T				L			C		N	T
		T				R						L	I	I	H	T		E
					N													
			U									N	T		F			
			N										N					T
																		E

Lektion 4

Branchen · Anbieter · Abnehmer

4A

Produkte und Leistungen

1 Suchen Sie im Wörterbuch die Entsprechungen in Ihrer Muttersprache. Schreiben Sie dann die jeweiligen Substantive aus den Texten daneben.

	Ensprechung in der Muttersprache	Substantive
konzipieren		*Konzeption*
planen		
entwickeln		
fertigen		
realisieren		*Realisierung*
ausrüsten		
integrieren		
erproben		*Erprobung*
prüfen		
vertreiben		
betreuen		
warten		
überholen		
instand setzen		

**ZF Luftfahrttechnik GmbH
Werk Kassel**

Postfach 10 16 67
D-34106 Kassel
Telefon (0 56 74) 7 01-0
Telex 9 91 808
Telefax (0 56 74) 7 01-6 06

ZF-Luftfahrttechnik befasst sich mit der Instandsetzung,
Überholung und Montage von dynamischen
Komponenten, der Ausrüstung und Wartung von
Hubschraubern sowie technologischen Aufgaben
der Entwicklung und Fertigung auf dem Hubschrauber-
sektor.
ZF-Luftfahrttechnik konzipiert, entwickelt und realisiert
schlüsselfertige Prüfstandanlagen für dynamische
Hubschrauberkomponenten nach den Erforder-
nissen der Anwender.

**Rockwell
International**

Rockwell-Collins GmbH

Boschstraße 8-10
D-63110 Rodgau
Telefon (0 61 06) 6 97-0
Telex 4 17 828
Telefax (0 61 06) 1 56 73

Entwicklung, Fertigung und Betreuung von
Kommunikations- und Navigationssystemen für
alle Frequenzbereiche im militärischen und zivilen
Einsatz der Luftfahrt, im maritimen Bereich und für
mobile bzw. stationäre Landstationen.

Vertrieb und Betreuung von
Avionik für die militärische und zivile Luftfahrt.

**ESG-Elektroniksystem-
und Logistik GmbH**

Einsteinstraße 174
D-81675 München
Telefon (0 89) 92 16-0
Telex 5 22 594
Telefax (0 89) 92 16-26 31

Die ESG bietet kostenwirksame Problemlösungen
auf den Gebieten der Planung, Entwicklung, Integration
sowie technisch-logistische Betreuung
komplexer Hardware- und Software-Systeme an.

Honsel-Werke AG

Fritz-Honsel-Straße
D-59870 Meschede
Telefon (02 91) 2 91-0
Telex 84 861
Telefax (02 91) 2 91-3 66

Fertigung von
Gussteilen in Aluminium- und Magnesiumlegierungen
für Luft- und Raumfahrt, Wehrtechnik, Automobil-
industrie, Elektrotechnik und allgemeinen
Maschinenbau.
Fertigung und Prüfung der Gussprodukte nach
verschiedensten nationalen und internationalen
Spezifikationen. In einer Versuchsgießerei werden neue
Gießverfahren und Legierungen entwickelt und erprobt.

4A

2 **Ordnen Sie die Produkte den Branchen zu. Arbeiten Sie mit dem Wörterbuch.**

 BRANCHEN

A Maschinen- und Anlagenbau

B Nutzfahrzeugbau

C Chemie und Petrochemie

D Transport und Verkehr

E Druck- und Kommunikationstechnik

PRODUKTE

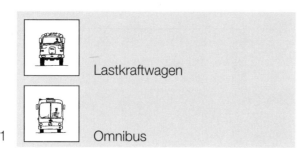

1 Lastkraftwagen / Omnibus

4 Spray / Tabletten

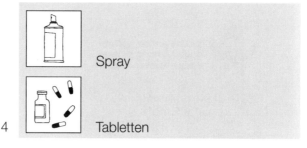

2 Fabrik / Maschine

5 Auto / Schiff

3 Telefon / Buch

A	B	C	D	E

Unterstreichen Sie alle Wörter, die Sie kennen oder verstehen.

Der MAN Konzern ist einer der führenden europäischen Anbieter von Investitionsgütern. Die Unternehmen des MAN Konzerns sind weltweit im Nutzfahrzeugbau, im Maschinen- und Anlagenbau und im Handel tätig. Sie bieten ein breit gefächertes Produkt- und Leistungsprogramm u.a. für folgende Märkte an: Transport und Verkehr, Kommunikationstechnik, Chemie- und Verfahrenstechnik, Hütten- und Walzwerktechnik, Energiewirtschaft, Umweltschutz.

Versuchen Sie jetzt mithilfe des Wörterbuchs, alle Textpassagen zu verstehen.

Bei dem folgenden Text handelt es sich um Lexikon-Definitionen. Er ist nicht leicht zu verstehen, da die Informationen komprimiert sind. Ihre Aufgabe: Bringen Sie die Sätze A, B und C in die richtige Reihenfolge. Arbeiten Sie mit dem Wörterbuch.

KONZERNE

Vorstufe zu einem Konzern können einfache Kapitalbeteiligungen an anderen Unternehmen sein (Muttergesellschaft und Tochtergesellschaft).

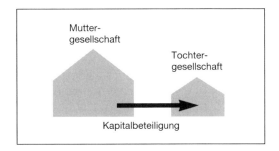

A   An der Spitze eines Konzerns stehen oft Holdinggesellschaften (Dachgesellschaften).

B   Sie sind am Kapital der Konzerngesellschaften wesentlich beteiligt, ohne selbst zu produzieren oder Handel zu treiben.

C   Konzerne sind die Zusammenfassung von rechtlich selbständigen Unternehmen unter einheitlicher wirtschaftlicher Leitung.

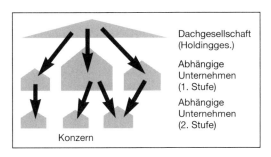

6 Schauen Sie sich noch einmal die Regeln für die Bildung des Partizips II in Lektion 3, Seite 77 an. Tragen Sie dann die Infinitivformen aus Lektion 4, Aufgabe 1 in die entsprechenden Rubriken ein und schreiben Sie die fehlenden Partizipformen daneben.

INFINITIV	PARTIZIP II
1. starke Verben mit untrennbaren Partikeln	*vertrieben*
2. schwache Verben mit trennbaren Partikeln	*ausgerüstet*
	instand gesetzt
3. schwache Verben mit untrennbaren Partikeln	
ent _____	_____
er _____	_____
be _____	_____
über _____	_____
4. Verben auf „-ieren"	
_____	_____
_____	_____
_____	_____

7 **Bilden Sie Passivsätze.**

Beispiel: *Kataloge konzipieren*
   Kataloge werden konzipiert.

1. Telefone instand setzen
2. Motoren erproben
3. Lastwagen ausrüsten
4. Computer integrieren

5. Disketten vertreiben
6. Produkte betreuen
7. Flugzeuge entwickeln
8. Pläne realisieren

Welches Arbeitsgebiet gehört zu welchen Produkten? Arbeiten Sie mit dem Wörterbuch.

Arbeitsgebiete/Produkte   **BASF**

Arbeitsgebiete	Produkte (Beispiele)
_____	Erdöl, Erdgas, Kraftstoffe, Motorenöle, Schmierstoffe, Heizöle
_____	Grundchemikalien, Katalysatoren, Industriechemikalien u.a.
_____	Einzeldünger, Spezialdünger, Pflanzenschutzmittel u.a.
_____	Polyolefine, Polyvinylchlorid, Styrolpolymerisate, Polyamide, Fasern u.a.
_____	Farbstoffe, Pigmente, Tenside, Spezialchemikalien u.a.
_____	Lacke, Farben, Audio-/Video-Produkte, Datenträger, Arzneimittel u.a.

Verbraucherprodukte

Farbstoffe und Veredelungsprodukte

Kunststoffe und Fasern   Chemikalien   Produkte für die Landwirtschaft   Öl und Gas

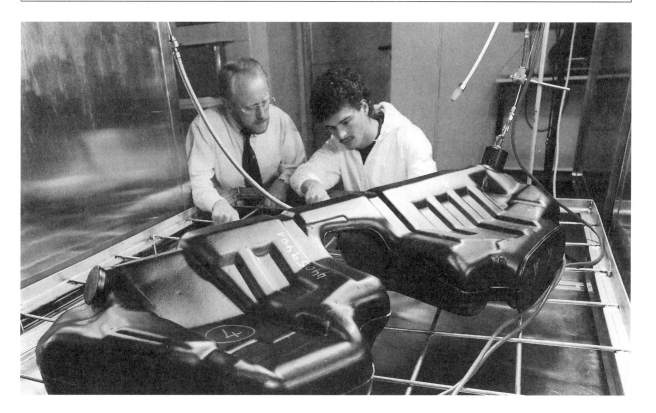

4B

▣ Telefonische Auskunft

- ● Industrie- und Handelskammer für München und Oberbayern, guten Morgen!

- △ Sovilla, guten Morgen! Ich suche einen Lieferanten für Verpackungsmaterial in München. Haben Sie eine Auskunftsstelle?

- ● Ja, natürlich. Einen Augenblick, bitte! Ich verbinde Sie.

- □ Eicher.

- △ Sovilla, guten Morgen! Ich suche einen seriösen Lieferanten für Verpackungsmaterial in München oder in der Umgebung. Wir benötigen von Zeit zu Zeit größere Mengen von Kartons für Kleinmöbel, aber wir können sie nicht lange Zeit im Voraus bestellen. Das heißt, sie müssen dann ganz schnell geliefert werden. Können Sie mir eine Firma empfehlen?

- □ Sind Sie in München selbst?

- △ Ja, in der Nähe vom Hauptbahnhof.

- □ Nicht weit vom Messegelände ist die Firma Atzinger. Die haben eine ziemlich große Produktionskapazität und sind sehr flexibel. Ich gebe Ihnen die Telefonnummer …

Bilden Sie zusammengesetzte Wörter.

1. Diesel-	A der -eingang
2. Telefon-	B die -kapazität
3. Messe-	C die -kraft
4. Abteilungs-	D die -bestätigung
5. Produktions-	E die -bildung
6. Maschinen-	F die -fahrt
7. Auskunfts-	G die -chemie
8. Arbeit-	H das -gelände
9. Verpackungs-	I der -nehmer
10. Energie-	K der -motor
11. Auftrags-	L die -stelle
12. Haupt-	M die -frist
13. Last-	N das -material
14. Handels-	O die -wirtschaft
15. Liefer-	P der -bahnhof
16. Auftrags-	Q die -nummer
17. Raum-	R der -bau
18. Petro-	S der -wagen
19. Atom-	T die -kammer
20. Berufs-	U der -leiter

	A
	B
	C
11	D
	E
	F
	G
	H
	I
	K
	L
	M
	N
	O
	P
	Q
	R
	S
	T
	U

Antworten Sie.

10

Beispiel: △ *Warum bestellen Sie die Kartons denn nicht im Voraus?*
● *Ich kann sie leider nicht im Voraus bestellen.*

△ Warum machen Sie das denn nicht sofort?
● Ich …

Antworten Sie.

11

Beispiel: △ *Haben Sie den Brief schon geschrieben?*
● *Nein, ich muss ihn noch schreiben.*

△ Haben Sie die Arbeit schon gemacht?
● Nein, ich …

4B

 Konjugation der Modalverben

Können Sie uns einen Lieferanten empfehlen?
Darf ich Ihnen Frau Kramer vorstellen?
So, ich muss jetzt gehen.
Soll er Sie zurückrufen?
Er möchte gern morgen Herrn Dr. Kaiser treffen.

INFINITIV		können	dürfen	müssen	sollen	mögen	wollen
1. PERSON							
Singular	ich	kann	darf	muss	soll	möchte	will
Plural	wir	können	dürfen	müssen	sollen	möchten	wollen
2. PERSON							
Höflichkeitsform	Sie	können	dürfen	müssen	sollen	möchten	wollen
(Singular und Plural)							
3. PERSON							
Singular							
– Maskulinum	er						
– Femininum	sie	kann	darf	muss	soll	möchte	will
– Neutrum	es						
Plural	sie	können	dürfen	müssen	sollen	möchten	wollen

12 Ergänzen Sie.

1. Unter welcher Nummer _____ er Sie anrufen? (können)
2. _____ wir die Artikel sofort liefern? (sollen)
3. Ich _____ 200 Kartons bestellen. (mögen)
4. Herr Brinkmann _____ morgen vorbeikommen. (können)
5. _____ Sie Frau Geiser sprechen? (mögen)
6. Ihre Ingenieure _____ die Produktionskapazität steigern. (müssen)
7. _____ ich Sie mit Herrn Dr. Hofer bekannt machen? (dürfen)
8. Die Sekretärin _____ die Fertigungsabteilung anrufen. (sollen)
9. Leider _____ der Direktor schon am Morgen in Hamburg sein. (müssen)
10. _____ wir Ihnen unseren Katalog schicken? (dürfen)
11. Warum _____ Sie nicht nach Hamburg fahren? (wollen)
12. Wir _____ ein neues Modell entwickeln. (wollen)

„können" oder „dürfen"?

Beispiel: (Kein Parkplatz)   *Hier dürfen Sie nicht parken.*

1. (Zigarren rauchen verboten)   Hier _____ Sie keine Zigarren rauchen.
2. (Bank)   Hier _____ Sie Geld wechseln.
3. (Parkhaus)   Hier _____ Sie parken.
4. (Bibliothek)   Hier _____ Sie nicht zu laut sprechen.
5. (Italienisches Restaurant)   Hier _____ Sie Spaghetti essen.
6. (Taxistand)   Hier _____ Sie ein Taxi finden.
7. (Postamt)   Hier _____ Sie telefonieren.
8. (Keinen Alkohol bitte!)   Hier _____ Sie keinen Alkohol trinken.
9. (Garderobe)   Hier _____ Sie Ihr Gepäck abgeben.
10. (Informationszentrum)   Hier _____ Sie Informationen bekommen.

Verben mit Dativ- und Akkusativergänzungen

		DATIV	AKKUSATIV
geben	Ich gebe	ihr	die Telefonnummer.
empfehlen	Können Sie	mir	eine Firma empfehlen?
liefern	Sie haben	uns	die Kartons sehr schnell geliefert.
vorstellen	Darf ich	Ihnen	Herrn Meißner vorstellen?
	Ich stelle	ihm	die Kollegen vor.

Bilden Sie die entsprechenden Sätze (vgl. Lektion 2, Seite 46).

1. Wir möchten eine Telefonnummer.   *Geben Sie uns bitte die Telefonnummer!*
   Er möchte einen Katalog.   _____
   Sie möchte eine Firmenliste.   _____
   Ich möchte einen Notizblock.   _____
   Wir möchten einen Taschenrechner.   _____

2. Wir suchen einen Lieferanten.   *Können Sie uns einen Lieferanten empfehlen?*
   Ich suche eine Firma.   _____
   Wir suchen ein Restaurant.   _____
   Sie sucht ein Wörterbuch.   _____
   Er sucht Material.   _____

3. Wir benötigen die Kartons sofort.   *Bitte, liefern Sie uns die Kartons sofort!*
   Er benötigt die Computer sofort.   _____
   Ich benötige die Visitenkarten sofort.   _____
   Sie benötigt den Motor sofort.   _____
   Wir benötigen die Maschine sofort.   _____

4. Wir möchten den Direktor kennen lernen.   *Können Sie uns den Direktor vorstellen?*
   Sie möchte Herrn Müller kennen lernen.   _____
   Er möchte Frau Kramer kennen lernen.   _____
   Wir möchten den Lieferanten kennen lernen.   _____
   Ich möchte den Verkaufsleiter kennen lernen.   _____

Wo? Wohin? (1)

Er ist	Er fährt
in der Hansastraße	in die Hansastraße
am Theresienplatz	zum Theresienplatz
an der Post	zur Post
am Bahnhof	zum Bahnhof
bei der Polizei	zur Polizei
beim Arzt	zum Arzt
bei Herrn Meier	zu Herrn Meier

15 **Ergänzen Sie.**

1. Das Taxi wartet _____ Bank.
2. Kommen Sie bitte _____ Schillerallee!
3. Ich muss um 11.00 Uhr _____ Zahnarzt sein.
4. Er ist _____ Bibliothek gefahren.
5. Wir haben ein Geschäft _____ Adenauerplatz.
6. Wir können uns _____ Frau Schmitt treffen.
7. Wir haben zwei Büros, eins _____ Hamburger Straße und eins _____ Hauptbahnhof.
8. Er fährt _____ Touristeninformation.

Wo ist ... (Nominativ)? Wo finde ich ... (Akkusativ)?

das Postamt		der Geldautomat	
der Taxistand		das Hotel	
die Telefonzelle		die Apotheke	
die Tankstelle		das Parkhaus	
der Schlüsseldienst		der Schuster	
die Reinigung		der Friseur	
das Polizeirevier		die Touristeninformation	

Bilden Sie Fragen und Antworten mit den angegebenen Wörtern.

Beispiel 1: (ist / Postamt) am Theresienplatz

△ *Wo ist das nächste Postamt?*
● *Das nächste Postamt ist am Theresienplatz.*

Beispiel 2: (finde / Geldautomat) an der Post

△ *Wo finde ich hier einen Geldautomaten?*
● *Einen Geldautomaten finden Sie an der Post.*

 1. (ist / Parkhaus) am Theresienplatz
 2. (finde / Touristeninformation) am Bahnhof
 3. (ist / Reinigung) an der Ampel links
 4. (finde / Friseur) an der nächsten Kreuzung links
 5. (ist / Telefonzelle) an der nächsten Kreuzung rechts
 6. (finde / Schuster) an der Elbbrücke
 7. (ist / Polizeirevier) in der zweiten Straße links
 8. (ist / Tankstelle) in der zweiten Straße rechts
 9. (finde / Apotheke) an der Oper
10. (ist / Schlüsseldienst) in der Goethestraße

Wegbeschreibungen

an / nach der Ampel an / nach der Kreuzung an / nach der Brücke am Hauptbahnhof	fahren Sie gehen Sie	rechts / links (in die Bachstraße) geradeaus die Rathausstraße geradeaus die nächste Straße rechts / links bis zum Hauptbahnhof bis zum Messeplatz bis zur Post bis zur Berliner Straße über die Brücke über den Messeplatz	
	biegen Sie	(die erste Straße) rechts (die zweite Straße) links	ab

17 Wie komme ich am besten vom „Baumhaus" in der Trappentreustraße 1 zu „Einbauküchen & Wohndesign R. Herzog" in der Pfeuferstraße 49-51? Hören Sie und markieren Sie den Weg auf dem nebenstehenden Stadtplan.

18 **Spielen Sie die Szene in der Klasse.**

Beispiel: △ *Wie kommt man am besten vom Messeplatz zu Ihnen?*
● *Das ist ganz einfach. Gehen Sie die Katzmaierstraße geradeaus. Dann die erste rechts und dann gleich links. An der nächsten Ecke sind wir.*

△ Wie kommt man am besten von … zu …?
● Das ist ganz einfach. Gehen Sie …

19 **Nehmen Sie den Stadtplan auf der nächsten Seite.**

1. Sie sind bei „Einbauküchen & Wohndesign R. Herzog" in der Pfeuferstraße und werden gefragt, wie man am besten zu „Atzinger" in die Helmholtzstr. 16 fährt. Antworten Sie.

2. Sie sind bei „Richter Raumausstattung" in der Albert-Roßhaupter-Straße. Sie werden gefragt, wie man am besten zu „Nissan" in die Hansastr. 89 geht. Antworten Sie.

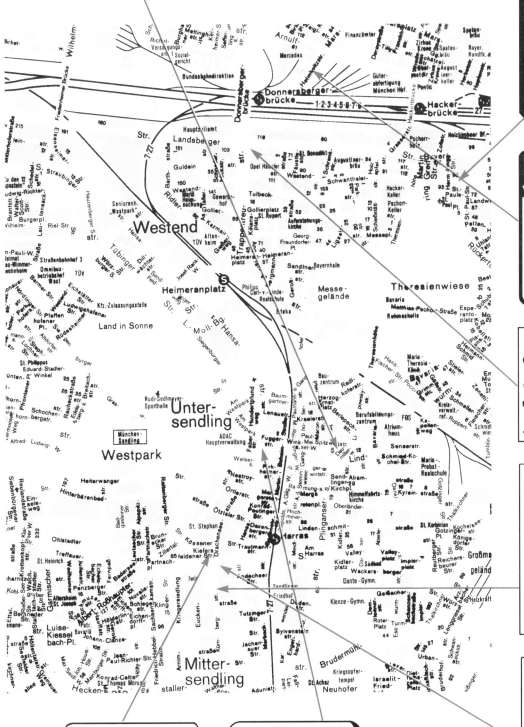

Auskunft über eine Firma

△ Was kann ich für Sie tun, Herr Bleichner?

● Wir haben einen großen Auftrag von einer Firma „Wolff" in Bergisch-Gladbach erhalten. Kennen Sie diese Firma näher?

△ Ja, ein wenig.

● Sie hat um ein Zahlungsziel von sechs Monaten gebeten, und wir zögern etwas.

△ Wir haben das Unternehmen bisher als einen zuverlässigen Kunden kennen gelernt. Aber sechs Monate, das ist natürlich eine lange Zeit.

● Sie raten mir also zur Vorsicht, Herr Meersemann?

△ Das will ich nicht unbedingt sagen. Wolff hat in den letzten Jahren gute Geschäfte gemacht und einige Reserven gebildet. Aber die allgemeine wirtschaftliche Lage ist im Moment halt nicht sehr günstig.

● Das ist wohl wahr …

Richtig oder falsch? Kreuzen Sie an.

	richtig	falsch
1. Herr Meersemann kennt die Firma Wolff.		
2. Herr Bleichner soll an die Firma Wolff liefern.		
3. Herr Bleichner möchte ein Zahlungsziel von 6 Monaten.		
4. Die Firma Wolff zögert etwas.		
5. Die Firma Wolff ist nicht zuverlässig.		
6. Die Firma Wolff hat einige Reserven.		
7. Die wirtschaftliche Lage ist nicht sehr gut.		

1. Herr Meersemann kennt die Firma Wolff.
2. Herr Bleichner soll an die Firma Wolff liefern.
3. Herr Bleichner möchte ein Zahlungsziel von 6 Monaten.
4. Die Firma Wolff zögert etwas.
5. Die Firma Wolff ist nicht zuverlässig.
6. Die Firma Wolff hat einige Reserven.
7. Die wirtschaftliche Lage ist nicht sehr gut.

Ersetzen Sie jeweils ein Satzelement durch die Angaben auf der Kassette. Fügen Sie bei den Nomen den Artikel hinzu.

Beispiel: *Er bittet um ein Zahlungsziel.*
(wir)
Wir bitten um ein Zahlungsziel.

1. (Auskunft) …

Negation

NICHT

Er kommt.	Ich komme nicht .
Er braucht die Spezifizierungen.	Ich brauche die Spezifizierungen nicht .
Er braucht sie.	Ich brauche sie nicht .
Er dankt ihm.	Ich danke ihm nicht .
Er ist groß.	Ich bin nicht groß.
Er ist da.	Ich bin nicht da.
Er schaut in den Terminkalender.	Ich schaue nicht in den Terminkalender.
Er ruft an.	Ich rufe nicht an.
Er hat viel Arbeit.	Ich habe nicht viel Arbeit.

KEIN *(Verben mit Nominalergänzung ohne Artikel oder mit unbestimmtem Artikel)*

Er braucht Geld.	Ich brauche kein Geld.
Er braucht einen Computer.	Ich brauche keinen Computer.
Er ist Diplom-Ingenieur.	Ich bin kein Diplom-Ingenieur.
Er hat große Pläne.	Ich habe keine großen Pläne.

Bilden Sie Sätze mit der Negation.

22

Beispiel: *Er spricht gut Deutsch.*
Ich spreche nicht gut Deutsch.

1. Er antwortet.
2. Er hat Zeit.
3. Er ist Abteilungsleiter.
4. Er fährt nach Wien.
5. Er ist vorbeigekommen.
6. Er hat Probleme in der Produktion.
7. Er hat den Direktor angerufen.
8. Er wendet sich an die Tochtergesellschaft.
9. Er lernt Amerikaner kennen.
10. Er lernt die neue Technik kennen.
11. Er ist klein.
12. Er ist im Büro.
13. Er kann Reserven bilden.
14. Er will die Abteilung übernehmen.

23 „nicht" oder „kein"?

Beispiele: Betreten des Rasens verboten! – Bitte betreten Sie den Rasen nicht!

Plakate ankleben verboten! – Bitte kleben Sie keine Plakate an!

1. Rauchen verboten! _____

2. Prospekte einwerfen verboten! (ein/werfen) _____

3. Parken in der Einfahrt verboten! _____

4. Hupen verboten! _____

5. Fahrräder abstellen verboten! (ab/stellen) _____

24 Antworten Sie.

Beispiel 1: △ Haben Sie Zeit?   *Beispiel 2: △ Muss er das machen?*
● Nein, ich habe keine Zeit.   *● Nein, er muss das nicht machen.*

△ Hat er Geld?
● …

25 Antworten Sie.

Beispiel: △ Er ist fertig. Und Sie?
● Ich bin nicht fertig.

△ Er wartet. Und Sie?
● …

26 Bilden Sie Sätze. Beginnen Sie mit dem ersten Wort.

1. Das / ich / nicht / sagen / unbedingt / will
2. Was / ich / für / kann / tun / Sie
3. Das / wohl / wahr / ist
4. Das / eine / natürlich / ist / Zeit / lange

5. Damit / wohl / klar / alles / ist
6. Das / sagen / man / wohl / kann
7. Da / ich / sicher / bin / nicht
8. Das / mir / Leid / tut

27 Ergänzen Sie mit den passenden Partizipien.

1. Wo haben Sie ihn _____ ?

2. Er hat die Terminplanung noch nicht _____ .

3. Haben Sie die Motoren schon _____ ?

4. Wir haben uns bei der Industrie- und Handelskammer_____ .

5. Der Umsatz ist um 100% _____ .

6. Die Geschäftsführung hat Änderungen _____ .

7. Wer hat die Personalabteilung _____ ?

8. Unsere Firma hat sich an der Produktion _____ .

9. In den letzten Jahren hat diese Firma Reserven _____ .

10. Ist der Verkaufsleiter schon _____ ?

11. Unsere Tochtergesellschaft hat den Umsatz _____ .

12. Er hat uns sehr viele Informationen _____ .

13. Wir haben die Artikel noch nicht _____ .

14. Er hat von Februar bis Juni die Verkaufsabteilung

_____ .

15. Sie haben uns die Möbel sehr schnell _____ .

geleitet
kennen gelernt
übernommen
erprobt
erhalten
gestiegen
geliefert
vorbeigekommen
informiert
gegeben
gemacht
gebildet
gesteigert
beschlossen
beteiligt

Demonstrativpronomen

Kennen Sie diese Firma näher?
Dieses Unternehmen hat Reserven gebildet.

	MASKULINUM	FEMININUM	NEUTRUM
SINGULAR			
– Nominativ	der dieser	die diese	das dieses
– Akkusativ	den diesen	die diese	das dieses
– Dativ	dem diesem	der dieser	dem diesem
PLURAL			
– Nominativ		die diese	
– Akkusativ		die diese	
– Dativ		den diesen	

Ergänzen Sie.

28

1. Wie teuer ist dies___ Computer hier?

2. Haben Sie dies___ Buch schon?

3. Kennen Sie dies___ Herren?

4. Sie können mich heute nur unter dies___ Nummer erreichen.

5. Seit wann arbeiten Sie mit dies___ Firma zusammen?

6. Von dies___ Lieferanten kann ich Ihnen keinen empfehlen.

Adjektivdeklination (1)

	MASKULINUM	FEMININUM	NEUTRUM
SINGULAR – Nominativ – Akkusativ – Dativ	der große Auftrag den großen Auftrag dem großen Auftrag	die kleine Firma die kleine Firma der kleinen Firma	das gute Geschäft das gute Geschäft dem guten Geschäft
PLURAL – Nominativ – Akkusativ – Dativ		die neuen Projekte die neuen Projekte den neuen Projekten	

aber:

Der Auftrag Das Geschäft Die Firma	ist	groß.
Die Projekte	sind	

29 **Ergänzen Sie die Endungen.**

1. Wir brauchen d___ genau___ Termine.
2. D___ wirtschaftlich___ Lage ist nicht sehr gut.
3. Biegen Sie an d___ nächst___ Ampel rechts ab!
4. Ich verbinde Sie mit d___ neu___ Produktgruppenleiter.
5. Vielen Dank für dies___ interessant___ Information!
6. Haben Sie d___ genau___ Adresse?
7. Mit dies___ unzuverlässig___ Firma möchte ich nicht zusammenarbeiten.
8. Die Firma liefert dies___ alt___ Modelle nicht mehr.
9. Ich rufe d___ neu___ Chemiker an.
10. Ich habe nur d___ alt___ Katalog.

30 **In einigen Sätzen sind Deklinationsfehler enthalten. Korrigieren Sie diese Fehler.**

1. Wir haben die neue Broschüre noch nicht erhalten.
2. Wir haben die neuen Disketten noch nicht erhalten.
3. Seit dem erste Oktober studiert er in München.
4. Mit den alte Maschinen können wir das nicht machen.
5. Er braucht die genauen Spezifizierungen.
6. Der neuer Computer arbeitet schnell.
7. Haben Sie den langen und interessanten Brief gelesen?
8. Das schweren Gepäck können Sie an der Garderobe abgeben.
9. Das habe ich in den neuen Katalogen gelesen.
10. Ab morgen liefern wir das neuen Modell.

Adjektivdeklination (2)

	MASKULINUM	FEMININUM	NEUTRUM
SINGULAR – Nominativ – Akkusativ – Dativ	(k)ein groß**er** Auftrag (k)einen groß**en** Auftrag (k)einem groß**en** Auftrag	(k)eine klein**e** Firma (k)eine klein**e** Firma (k)einer klein**en** Firma	(k)ein gut**es** Geschäft (k)ein gut**es** Geschäft (k)einem gut**en** Geschäft
PLURAL – Nominativ – Akkusativ – Dativ	neu**e** Projekte neu**e** Projekte neu**en** Projekte**n**	keine neu**en** Projekte keine neu**en** Projekte keinen neu**en** Projekte**n**	

Ergänzen Sie die Endungen.

31

1. Das ist ein___ lang___ Zeit.
2. Die Firma sucht ein___ zuverlässig___ Lieferanten.
3. Ich stelle Ihnen ein___ ganz einfach___ Modell vor.
4. Das ist kein___ interessant___ Bereich.
5. Er kommt aus ein___ klein___ Firma.
6. Das sind kein___ zuverlässig___ Kunden.
7. Sie haben gut___ Geschäfte gemacht.
8. Er benötigt größer___ Mengen Kartons.

9. Das ist wirklich kein___ sehr schnell___ Omnibus.
10. Ich habe nur ein___ kurz___ Liste erhalten.
11. Er hat nur ein___ sehr ungenau___ Plan.
12. Das ist kein___ schlecht___ Wörterbuch.
13. Ich habe nie so uninteressant___ Kataloge gesehen.
14. Das ist kein___ günstig___ Moment.
15. Er hat ein___ sehr einfach___Terminplanung gemacht.
16. Er fährt ganz schnell___ Autos.

Spielen Sie die Szene in der Klasse.

32

Beispiel: △ *Haben Sie den neuen Computer von IBM schon gekauft?*
 ● *Nein, wir brauchen keinen neuen Computer.*

△ Haben Sie d… neu… … schon gekauft?
● Nein, wir brauchen kein… neu… … .

Adjektivantonyme

groß	≠	klein
gut	≠	schlecht
neu	≠	alt
schnell	≠	langsam
lang	≠	kurz
einfach	≠	schwierig
günstig	≠	ungünstig
interessant	≠	uninteressant
genau	≠	ungenau
zuverlässig	≠	unzuverlässig

4C

33 Wörterrätsel

Das folgende Rätsel enthält 45 europäische Städte:

1 in Albanien, 1 in Belgien, 1 in Bulgarien, 8 in Deutschland, 1 in Dänemark, 1 in Finnland, 4 in Frankreich, 2 in Griechenland, 3 in Großbritannien, 4 in Italien, 1 in den Niederlanden, 1 in Norwegen, 3 in Österreich, 1 in Polen, 1 in Portugal, 1 in Rumänien, 1 in Schweden, 3 in der Schweiz, 1 in Russland (in der GUS), 3 in Spanien, 1 in der Tschechischen Republik, 1 in der Türkei und 1 in Ungarn.

Schreiben Sie die Namen anhand der nachstehenden Karte in die entsprechenden Zeilen.

Nennen Sie 45 europäische Städte.

A □□□□□□□   I □□□□□□□   O □□□

A □□□□   K □□□   P □□□□

B A R C E L O N A   K □□□□□□□□   P □□□

B □□□□□   L □□□   R □□□

B □□□□□□   L □□□□□□   S □□□□□□□

B □□□□   L □□□□   S □□□□

B □□□□□□   M □□□□□□   S □□□□□□

B □□□□□□   M □□□   S □□□□□□

D □□□□□   M □□□   T □□□□□□□□□□□

F □□□□□□   M □□□□□□□   T □□□□□□

G □□□   M □□□□□□□   T □□□□□□

G □□□   M □□□□□   T □□□□□

H □□□□□□   M □□□□   W □□□□□□

H □□□□□□   N □□□   W I E N

H □□□□□   N □□□□□   Z □□□□

128

Europa

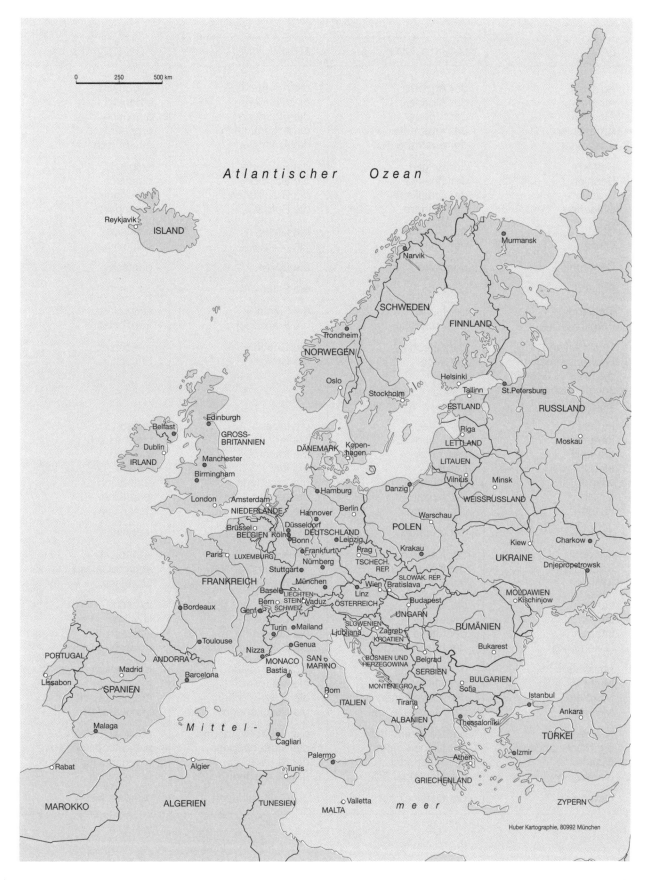

Ländernamen

LAND	EINWOHNER		ADJEKTIV
	MASKULINUM	FEMININUM	
Ägypten	der Ägypter	die Ägypterin	ägyptisch
Albanien	der Albaner	die Albanerin	albanisch
Algerien	der Algerier	die Algerierin	algerisch
Argentinien	der Argentinier	die Argentinierin	argentinisch
Australien	der Australier	die Australierin	australisch
Belgien	der Belgier	die Belgierin	belgisch
Bosnien	der Bosnier	die Bosnierin	bosnisch
Brasilien	der Brasilianer	die Brasilianerin	brasilianisch
Bulgarien	der Bulgare	die Bulgarin	bulgarisch
Chile	der Chilene	die Chilenin	chilenisch
China	der Chinese	die Chinesin	chinesisch
Dänemark	der Däne	die Dänin	dänisch
Estland	der Este	die Estin	estnisch
Finnland	der Finne	die Finnin	finnisch
Frankreich	der Franzose	die Französin	französisch
Griechenland	der Grieche	die Griechin	griechisch
Großbritannien	der Brite	die Britin	britisch
die GUS (= Gemein-schaft unabhängiger Staaten)			
Indien	der Inder	die Inderin	indisch
Indonesien	der Indonesier	die Indonesierin	indonesisch
der Iran	der Iraner	die Iranerin	iranisch
Irland	der Ire	die Irin	irisch
Island	der Isländer	die Isländerin	isländisch
Israel	der Israeli	die Israelin	israelisch
Italien	der Italiener	die Italienerin	italienisch
Japan	der Japaner	die Japanerin	japanisch
Kanada	der Kanadier	die Kanadierin	kanadisch
Kolumbien	der Kolumbianer	die Kolumbianerin	kolumbianisch
Kroatien	der Kroate	die Kroatin	kroatisch
Lettland	der Lette	die Lettin	lettisch
Libyen	der Libyer	die Libyerin	libysch
Litauen	der Litauer	die Litauerin	litauisch
Luxemburg	der Luxemburger	die Luxemburgerin	luxemburgisch
Malaysia	der Malaysier	die Malaysierin	malaysisch
Malta	der Malteser	die Maltesin	maltesisch
Marokko	der Marokkaner	die Marokkanerin	marokkanisch
Mexiko	der Mexikaner	die Mexikanerin	mexikanisch
Neuseeland	der Neuseeländer	die Neuseeländerin	neuseeländisch
die Niederlande (Plur.)	der Niederländer	die Niederländerin	niederländisch
Nigeria	der Nigerianer	die Nigerianerin	nigerianisch
Norwegen	der Norweger	die Norwegerin	norwegisch
Österreich	der Österreicher	die Österreicherin	österreichisch

Pakistan	der Pakistaner	die Pakistanerin	pakistanisch
die Philippinen (Plur.)	der Philippiner (Filipino)	die Philippinerin (Filipina)	philippinisch
Polen	der Pole	die Polin	polnisch
Portugal	der Portugiese	die Portugiesin	portugiesisch
Rumänien	der Rumäne	die Rumänin	rumänisch
Russland	der Russe	die Russin	russisch
Saudi-Arabien	der Saudi-Araber	die Saudi-Araberin	saudi-arabisch
Schweden	der Schwede	die Schwedin	schwedisch
die Schweiz	der Schweizer	die Schweizerin	schweizerisch
Serbien	der Serbe	die Serbin	serbisch
Singapur	der Singapurer	die Singapurerin	singapurisch
Slowenien	der Slowene	die Slowenin	slowenisch
die Slowakische Republik	der Slowake	die Slowakin	slowakisch
Spanien	der Spanier	die Spanierin	spanisch
Südkorea	der Südkoreaner	die Südkoreanerin	südkoreanisch
Syrien	der Syrer	die Syrerin	syrisch
Taiwan	der Taiwaner	die Taiwanerin	taiwanisch
Thailand	der Thai(länder)	die Thai(länderin)	thai(ländisch)
die Tschechische Republik	der Tscheche	die Tschechin	tschechisch
Tunesien	der Tunesier	die Tunesierin	tunesisch
die Türkei	der Türke	die Türkin	türkisch
die Ukraine	der Ukrainer	die Ukrainerin	ukrainisch
Ungarn	der Ungar	die Ungarin	ungarisch
Venezuela	der Venezolaner	die Venezolanerin	venezolanisch
die Vereinigten Staaten (Plur.) = die USA (Plur.)	der US-Amerikaner	die US-Amerikanerin	US-amerikanisch
Zypern	der Zyprer (Zypriot)	die Zyprerin (Zypriotin)	zyprisch (zypriotisch)

Pluralbildung

MASKULINUM		FEMININUM	
- er		**+ - in**	**+ - nen**
ein Amerikaner	zwei Amerikaner	eine Amerikanerin	zwei Amerikanerinnen
- e	**+ - n**	**- a**	**+ - s**
ein Pole	zwei Polen	eine Filipina	zwei Fillipinas
- ar	**+ - n**		
ein Ungar	zwei Ungarn		
- i	**+ - s**		
ein Israeli	zwei Israelis		
- o	**+ - s**		
ein Filipino	zwei Filipinos		

34 **Ergänzen Sie.**

1. In Belgien wird Franz_____ und Niederländ_____ gesprochen.
2. Mexi_____, Argent_____, Chi_____, Kolum_____, Venez_____ sprechen Spanisch,
   Bras_____ sprechen Port_____ .
3. Pol_____, Ung_____ und Rum_____ haben oft Russ_____ gelernt.
4. Er besucht Kunden in Österr_____, in d_____ Schw_____, in Ital_____, in Griech_____ und in
   d_____ Tür_____ .
5. Er macht eine Geschäftsreise nach Chin_____, Jap_____, Südkor_____ und auf d_____
   Philip_____ .
6. Auf der Messe treffen sich dän_____, schwed_____, norw_____, finn_____ und isl_____
   Geschäftsleute.
7. Wir führen unsere Kleinkopierer auch nach Maro_____, Alger_____, Lib_____, Tun_____,
   Ägyp_____, Syr_____ und in d_____ Ir_____ aus.
8. In dem Unternehmen arbeiten Türk_____, Kroat_____, Itali_____, Griech_____ und
   Portug_____ .

35 **Schreiben Sie die Namen der Bundesländer neben die Hauptstädte.**

Berlin	*Berlin*	Magdeburg	
Bremen	*Bremen*	Mainz	
Dresden	*Sachsen*	München	
Düsseldorf		Potsdam	
Erfurt		Saarbrücken	
Hamburg	*Hamburg*	Schwerin	
Hannover		Stuttgart	
Kiel		Wiesbaden	.

36 **An welchem Fluss liegt ...?**

Dresden	*an der Elbe*
Köln	
Ulm	
Stuttgart	
Bremen	
Halle	
Kassel	
Frankfurt (1)	
Frankfurt (2)	
Trier	

der Main · der Neckar · die Donau · die Elbe · der Rhein · die Fulda · die Mosel · die Oder · die Saale · die Weser

Bundesrepublik Deutschland

37 **Ergänzen Sie.**

Beispiel: Wo *wohnen Sie? – Im Hotel "Alpenrose".*

1. _____ kommen Sie? – Aus Nigeria.
2. _____ fliegen Sie morgen? – Nach Athen.
3. _____ ist er gefahren? – In die Niederlande.
4. _____ arbeiten Sie? – Bei Henkel.
5. _____ ist die Sekretärin? – Auf der Messe.
6. _____ haben Sie das gesehen? – In der Wilhelmstraße.
7. _____ wissen Sie das? – Von der Verkaufsabteilung.
8. _____ kann ich das abgeben? – An der Garderobe.
9. _____ führen Sie diese Produkte aus? – Nach Südamerika.
10. _____ beziehen Sie diese Artikel? – Aus Italien.

⟹ ## Wo? Wohin? (2)

WO WOHNT ER?	WOHIN FÄHRT ER?
in Europa in der Schweiz im Libanon in den USA auf den Philippinen im Schwarzwald in Sachsen-Anhalt in Köln	nach Europa in die Schweiz in den Libanon in die USA auf die Philippinen in den Schwarzwald nach Sachsen-Anhalt nach Köln
am Rhein an der Donau am Meer an der Nordsee am Bodensee	an den Rhein an die Donau ans Meer an die Nordsee an den Bodensee
im Gebirge in den Bergen in den Alpen auf dem Feldberg	ins Gebirge in die Berge in die Alpen auf den Feldberg
auf dem Lande	aufs Land

Ergänzen Sie. (M = Maskulinum; F = Femininum; Pl = Plural)

1. Er hat ein Haus _____ Atlantik (M).

2. Er fliegt nächsten Monat _____ Nordamerika.

3. Wir fahren _____ Ostsee (F).

4. Er wohnt _____ Balearen (Pl).

5. Kommen Sie mit _____ Zugspitze (F)?

6. Dresden liegt _____ Elbe (F).

7. _____ Mosel (F) wird viel Wein angebaut.

8. Ich reise _____ Niederlande (Pl).

9. Das Unternehmen hat eine Filiale _____ Iran (M).

10. Herr May leitet das Büro _____ New York.

11. Die Produkte werden _____ Türkei ausgeführt (F).

12. Er arbeitet _____ Land (M).

13. Sie arbeitet _____ Deutschland.

14. Es gibt zwei Städte mit dem Namen Frankfurt: Frankfurt _____ Main (M) und Frankfurt _____ Oder (F).

15. Fahren Sie lieber _____ Berge (Pl) oder _____ See (F)?

16. Österreich liegt _____ Mitteleuropa.

17. Er macht Ferien _____ Harz (M).

18. Lausanne liegt _____ Genfer See (M).

19. Wir haben eine Tochtergesellschaft _____ Russland.

20. Wir liefern auch _____ Schweiz (F).

Antworten Sie.

Beispiel: △ *Wo ist er? An der Nordsee?*
              ● *Ja, er ist an die Nordsee gefahren.*

△ Wo ist er? In London?
● Ja, er ...

4C

40 Welches Wort gehört zu welcher Zeichnung? Arbeiten Sie mit dem Wörterbuch.

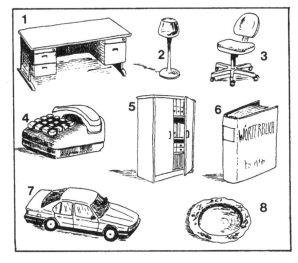

stehen	das Telefon	_4_
stellen	der Schreibtisch	___
	das Glas	___
	der Teller	___
	das Auto	___
	der Schrank	___
	der Stuhl	___
	das Wörterbuch	___

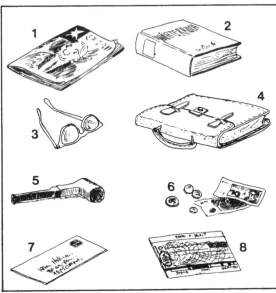

liegen	die Tasche	___
legen	der Umschlag	___
	das Geld	___
	die Zeitschrift	___
	die Pfeife	___
	das Wörterbuch	___
	der Scheck	___
	die Brille	___

hängen (1)	die Zeitung	___
hängen (2)	das Bild	___
	die Lampe	___
	der Mantel	___
	der Hut	___
	der Schlüssel	___

Wo? Wohin? (3)

Wo steht das Telefon? – Das Telefon steht hinter der Lampe.
Wohin stellt er das Telefon? – Er stellt das Telefon hinter die Lampe.

Wo liegt die Zeitung? – Die Zeitung liegt auf dem Stuhl.
Wohin legt er die Zeitung? – Er legt die Zeitung auf den Stuhl.

Wo hängt das Bild? – Das Bild hängt an der Wand.
Wohin hängt er das Bild? – Er hängt das Bild an die Wand.

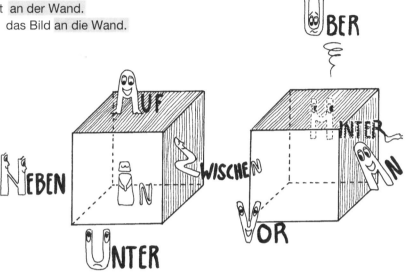

Ergänzen Sie mit dem passenden Verb. **41**

1. Die Zigaretten _____ neben dem Schlüssel.

2. Wo _____ meine Schecks?

3. Das Wörterbuch _____ unter der Zeitung.

4. Die Tabletten _____ im Auto.

5. _____ Sie das Telefon bitte auf den Schreibtisch!

6. _____ Sie den Mantel bitte an die Garderobe!

7. Dieses Bild _____ in der Nationalgalerie in Berlin.

8. Die Gläser _____ noch auf dem Tisch.

9. Ich _____ den Scheck auf den Schreibtisch.

10. Wohin _____ ich die neue Schreibmaschine?

Antworten Sie. **42**

Beispiel: △ *Wo liegt der Brief? Auf dem Tisch?*
● *Ja, ich habe ihn auf den Tisch gelegt.*

△ Wo steht die Lampe? An der Tür?
● Ja, …

4C

43 Ordnen Sie zu. Arbeiten Sie mit dem Wörterbuch.

A)

B)

C)

D)

E)

F)

1) **Spezialeinrichtungen für Konstruktionsbüros**

2) **Komplette Büroplanung durch Spezialisten und Innenarchitekten**

3) **Büromöbel und Einrichtungssysteme**

4) **Büro- und Zeichenbedarf**

5) **Büromaschinen**

6) **Stahlmöbel für Büros und Banken**

A	B	C	D	E	F

An welche Anbieter können Sie sich wenden, wenn Sie folgendes suchen?

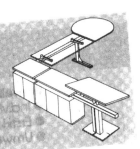

Büroplanung: _____

Büromöbel und Büroeinrichtung: _____

Büro- und Zeichenbedarf: _____

Büromaschinen: _____

VOKO ▼

Das Büro

Büromöbel · Sitzmöbel
Bankeneinrichtungen
Schrank- und Trennwände
Registraturen
Beratung · Planung

VOKO Bürozentrum
Stahlgruberring 12
81829 München
Telefon 089/42002-0
Telefax 089/429813

ASHTON
DER SPEZIALIST FÜR IHR BÜRO
BÜROBEDARF · BÜROMÖBEL
PAPIER · BÜROMASCHINEN
EDV-ZUBEHÖR
Liebigstr. 21 · 80538 München
Tel. (0 89) 22 69 45
Telefax 29 18 87

bürotronic
Studio für
Büroausstattungen
CEKA Büromöbel
Ausstellung
80804 München
Klopstockstraße 4
Ruf 36 30 88
Fax 36 96 89

schulz
Leben im Büro
Büroeinrichtung
Dachauer Str. 192
80992 München
Tel: (089) 159 20-0 · Fax: 280 DW

PAUL KÄMPER
Holz- und Stahl-Büromöbel
80799 Mü., Türkenstr. 52
Tel. 28 13 10, Fax 2 80 08 55

Kanzenel &
Beisenherz
SEIT 1687 IN MÜNCHEN
Großhandel
Schreibwaren
Bürobedarf
Neueinrichtungen
Festartikel
82008 Unterhaching
Kapellenstraße 24
6 15 61-0, ☎ 6 15 61-1 11
Telefax 6 15 61-1 10

DEFFNER, KUGLER
+ Co. GmbH
Großhandel für Büro-,
EDV- u. Zeichenbedarf
80687 Mü., Wilhelm-Riehl-Str. 11
Tel. 57 40 71, Fax 5 70 76 90

smc
Bürobedarf – Büromaschinen
Reparaturen
Schleißheimer Str. 435g, 80935 München
Tel. (0 89) 3 14 91 13   Fax 3 14 91 31

4C

 gute Wünsche

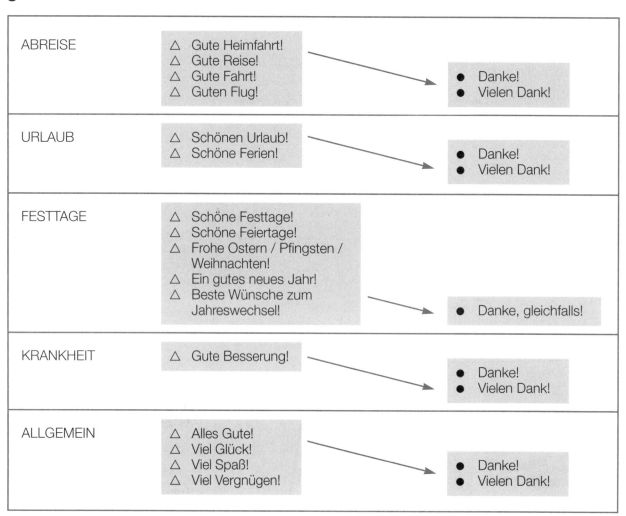

ABREISE	△ Gute Heimfahrt! △ Gute Reise! △ Gute Fahrt! △ Guten Flug!	● Danke! ● Vielen Dank!
URLAUB	△ Schönen Urlaub! △ Schöne Ferien!	● Danke! ● Vielen Dank!
FESTTAGE	△ Schöne Festtage! △ Schöne Feiertage! △ Frohe Ostern / Pfingsten / 　Weihnachten! △ Ein gutes neues Jahr! △ Beste Wünsche zum 　Jahreswechsel!	● Danke, gleichfalls!
KRANKHEIT	△ Gute Besserung!	● Danke! ● Vielen Dank!
ALLGEMEIN	△ Alles Gute! △ Viel Glück! △ Viel Spaß! △ Viel Vergnügen!	● Danke! ● Vielen Dank!

 gratulieren

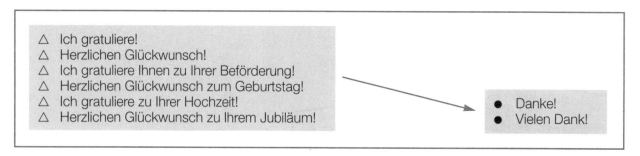

△ Ich gratuliere!
△ Herzlichen Glückwunsch!
△ Ich gratuliere Ihnen zu Ihrer Beförderung!
△ Herzlichen Glückwunsch zum Geburtstag!
△ Ich gratuliere zu Ihrer Hochzeit!
△ Herzlichen Glückwunsch zu Ihrem Jubiläum!

● Danke!
● Vielen Dank!

Was passt nicht?

1. Ein Kollege hat Geburtstag.
☐ Herzlichen Glückwunsch!
☐ Ich gratuliere Ihnen zu Ihrem Geburtstag!
☐ Gute Besserung!

2. Ein Kollege fährt weg.
☐ Frohe Ostern!
☐ Gute Reise!
☐ Gute Fahrt!

3. Es ist der 24. Dezember.
☐ Frohe Weihnachten!
☐ Viel Vergnügen!
☐ Schöne Festtage!

4. Es ist der erste Januar.
☐ Ein gutes neues Jahr!
☐ Viel Spaß!
☐ Beste Wünsche zum Jahreswechsel!

5. Ein Kollege geht Golf spielen.
☐ Viel Spaß!
☐ Viel Vergnügen!
☐ Guten Flug!

Die Familie

Zu welchen Familienmitgliedern gehören die Sammelbegriffe aus dem Schüttelkasten? **46**

der Vater, die Mutter _____

der Sohn, die Tochter _____

der Bruder, die Schwester _____

der Großvater, die Großmutter _____

der Enkel, die Enkelin _____

der Schwiegervater, die Schwiegermutter _____

Enkelkinder   Eltern
Schwiegereltern   Geschwister
Kinder   Großeltern

4D

  Auskunft S-Bahn

△ Entschuldigen Sie, bitte! Wie komme ich von hier *nach Benrath*?

● Nehmen Sie die S-Bahn, Linie 7! Die ist direkt.

△ Und wo ist die nächste S-Bahn-Station?

● Gehen Sie *zum Hauptbahnhof, die zweite Straße links!* Das sind nur fünf Minuten.

△ Vielen Dank!

47 **Ersetzen Sie die schräg gedruckten Elemente durch folgende.**

- zum Zoo
- an den Neckar
- in die Innenstadt

- zum Rathaus
- zur Elisabethkirche
- zur Oper

- an der nächsten Ampel rechts
- immer geradeaus
- an der Brücke links

Auskunft Bus

△ Entschuldigen Sie, bitte! Ich möchte *zum Fernsehturm.*

● Zu Fuß ist es weit. Am besten fahren Sie mit dem Bus bis *zur Theodor-Heuss-Brücke!*

△ Und mit welcher Linie, bitte?

● Sie können die Zwei, die Vier oder die Siebzehn nehmen. Die fahren alle dorthin.

△ Kann ich die Fahrkarte im Bus kaufen?

● An der Haltestelle steht ein Fahrkartenautomat.

△ Danke sehr!

Ersetzen Sie die schräg gedruckten Elemente durch folgende.

48

– zum Theater
– zum Kunstmuseum
– zum Dom

– zum Ring
– zur Hauptpost
– zur Wilhelmstraße

Im Bus

△ Entschuldigung! Ist es noch weit bis zum Stadion?

● Zum Stadion? Aber dieser Bus fährt nicht bis zum Stadion. Sie müssen *am Bismarckplatz* umsteigen.

△ In welche Linie?

● In die Fünfzehn, Richtung *Neustadt*.

△ Wie viel Haltestellen sind es noch *bis zum Bismarckplatz*?

● Es ist nicht mehr weit. Ich sage Ihnen Bescheid.

△ Danke schön!

49 **Ersetzen Sie die schräg gedruckten Elemente durch folgende.**

– an der Königsallee / bis zur Königsallee   – Marktplatz
– an der Stresemannbrücke / bis zur Stresemannbrücke   – Flughafen
– am Botanischen Garten / bis zum Botanischen Garten   – Nordfriedhof

Im Taxi

△ Guten Morgen!

● Guten Morgen! Ich muss *zum Messegelände*.

△ Durch die Innenstadt oder über die Autobahn?

● Hauptsache schnell. Ich habe einen Termin *um neun*.

△ Dann fahren wir über die Autobahn!

● Wie lange dauert die Fahrt?

△ In zwanzig Minuten sind wir dort.

● Na, gut.

Ersetzen Sie die schräg gedruckten Elemente durch folgende.

50

– zur Kongresshalle
– zur Universität
– zum Technologiepark

– in einer halben Stunde
– um Viertel vor zwölf
– um eins

Humor

Sprachführer

Im Taxi

Das Hotel liegt aber in der anderen Richtung! Fährt man hier immer bei Rot über die Kreuzung? Was fahren Sie so schnell? Warum schalten Sie die Scheinwerfer nicht ein?

Unterwegs

1) Hallo Taxi – zum Hauptbahnhof! Wo ist der Bahnsteig 1? Wo ist der Bahnsteig? Wo sind die Gleise?

2) Wie komme ich zum Dampfer? Wie kommt denn hier ein Dampfer her? Wie bin ich auf diesen Dampfer gekommen? Ich bin doch nicht auf einem Dampfer?! Pardon, Sie tragen meinen Koffer (Anzug)! Herr Kapitän, ich möchte sofort aussteigen!

Julian Schutting

 ## Konsonanten r/l

[r]	Schreibweise: r, rr	rufen, reden, Rathaus Presse, Straße, Brille Büro, Tourismus, Herren Wörterbuch, Firma, Morgen Sport, Markt, Arzt
[ɐ]	Schreibweise: r	Jahr, nur, Papier Oktober, Hannover, sicher
[l]	Schreibweise: l, ll	Lieferant, links, leider Plan, Block, Bleistift Telefon, Kollege, holen entschuldigen, welche, bilden Welt, Köln, Geld Mal, viel, Artikel

---

51 **Hören Sie und wiederholen Sie.**

– Reserven

– ...

---

52 **Hören Sie und ergänzen Sie mit „l" oder „r".**

vo___; vie___; Möbe___; Dritte___; besch___ießen; steige___n; nu___; vie___; he___; fah___en; ___eicht; ___iefe___n; Fi___men___iste; Mate___ia___; Be___ ___in; A___tike___; übe___; e___ha___ten; wiede___ho___en; Prob___em

Konsonanten m/n/ng/nk

[m]	Schreibweise: m, mm	Messe, Mode, Mittag, kommen, Firma, immer, warum, beim, um
[n]	Schreibweise: n, nn	nicht, nach, neu, planen, München, Technik, sieben, dann, Gewinn
[ŋ]	Schreibweise: ng	hängt, lang, Lieferung
[ŋk]	Schreibweise: nk	Bank, Funk, danke

Hören Sie und wiederholen Sie.

53

– notieren

– ...

Hören Sie und ergänzen Sie mit m, n, ng, nk.

54

a __; i __; __ich; __icht, __och __al; grü __; Zahlu __; da __e; __aschi __e; Fu __; Ei __ga __; de __; ih __; Ku __de; la __; u __bedi __t; allge __ei __; Co __puter; U __satz; Ä __deru __

Denksportaufgaben

55

1. Herr A. erzählt, dass sein Vater und sein Großvater heute Geburtstag haben und beide genau gleich alt sind. Ist das eigentlich möglich?

2. Marias Tochter ist die Mutter meines Sohnes. Ich bin ein Mann. Was bin ich für Maria?

Ergänzen Sie die fehlenden Buchstaben.

56

1. ZA __L __N __SZIE __
2. V __RS __C __ __
3. UN __ER __E __ __EN
4. A __ __ TRA __
5. __IR __SC __A __T
6. __U __ __UNFT
7. __A __E __IAL
8. E __T __ICK __UN
9. MAS __ __I __E
10. TO __ __T __R __E __E __LSC __A __ __

57 Wörterrätsel

In jeder Zeile ist ein Wort versteckt, allerdings von rechts nach links geschrieben. Welches?
(Ü = UE)

R	E	N	A	T	K	U	D	O	R	P	S	R	U
N	E	N	G	A	R	T	F	U	A	O	K	K	E
T	G	N	U	B	O	R	P	R	E	B	T	N	A
G	N	U	S	B	E	I	R	T	R	E	V	B	A
N	E	V	R	E	S	E	R	T	R	E	V	N	A
L	E	G	N	E	M	N	O	G	E	L	E	G	E
L	A	H	C	K	I	R	B	A	F	E	T	N	I
R	A	T	F	I	R	H	C	S	R	E	B	E	U
T	N	A	T	S	U	B	I	N	M	O	T	N	I
E	D	N	U	K	T	L	I	R	B	U	Z	E	G
T	T	N	A	R	E	F	E	I	L	O	L	L	A
U	Z	G	N	U	T	R	A	W	I	B	R	E	V
L	A	B	G	U	E	Z	R	H	A	F	F	E	L
G	N	U	Z	T	E	S	D	N	A	T	S	N	I
E	L	L	A	I	R	E	T	A	M	M	O	E	G

1. _____
2. _____
3. _____
4. _____
5. _____
6. _____
7. _____
8. _____
9. _____
10. _____
11. _____
12. _____
13. _____
14. _____
15. _____

Test 3 / 4

1. Ergänzen Sie.

Können Sie mich bitte mit Frau Vogt _____ ? (1)
Herr Biermann ist leider im Moment nicht hier. Kann ich ihm etwas _____ ? (1)
Kann ich ihm eine Nachricht _____ ? (1)
Wer ist bitte _____ Apparat? (1)
_____ welcher Nummer kann er Sie erreichen? (1)

2. Ergänzen Sie.

△ Herzlichen Dank!
● Gern _____ ! (1)

△ Darf ich reinkommen?
● Ja, bitte. Nehmen Sie doch bitte _____ ! (1)

△ _____ Sie Ihrer Frau viele Grüße! (1)
● Ja, _____ ich. (1)

△ Was macht die Arbeit?
● Ich kann nicht _____ . (1)

3. Ergänzen Sie.

Wir benötigen Verpackungsmaterial. Kennen Sie einen zuverlässigen _____ ? (1)
Können Sie mir eine _____ über das neue Modell geben? (1)
Wenden Sie sich an den Leiter der _____ Forschung und Entwicklung. (1)
In diesem Jahr haben wir die Produktions _____ gesteigert. (1)
Am ersten Juni übernimmt er die _____ des Unternehmens. (1)

4. Ergänzen Sie.

Er fährt _____ Gebirge. (1)
Ulm liegt _____ Donau. (1)
Er arbeitet _____ USA. (1)
Wir beziehen die Erzeugnisse _____ Türkei. (1)
Am Wochenende fährt sie gerne _____ Land. (1)
Am Montag fliegt er _____ Hamburg. (1)
Er ist gern _____ Alpen. (1)
Wir liefern auch _____ Europa. (1)
Das Haus liegt direkt _____ Meer. (1)
Wir fertigen die Maschinen bei unserer Filiale _____ Bodensee. (1)

5. Ergänzen Sie.

Ich freue _____ , Sie wiederzusehen. (1)
Wer kümmert sich _____ das Geschäft? (1)
Wenden Sie _____ an die Exportabteilung! (1)
Er _____ (nehmen) den Flug am Montagmorgen. (1)
Er _____ (leiten) den Geschäftsbereich Raumfahrt. (1)
Er _____ (sehen) den Kunden erst in der nächsten Woche. (1)
Warum sind Sie gestern nicht bei uns _____ (vorbeikommen)? (1)
Ich habe ihn in England _____ (kennen lernen). (1)
Wir haben vor einigen Jahren mit ihm _____ (zusammenarbeiten). (1)
Er hat mich leider nicht _____ (zurückrufen). (1)

6. Ergänzen Sie.

_____ (sollen) er sofort liefern? (1)
_____ (können) ich einige Broschüren erhalten? (1)
Er _____ (müssen) die Motoren prüfen. (1)
_____ (dürfen) ich eine andere Verpackung empfehlen? (1)
Das _____ (können) er nicht wissen. (1)

7. Bilden Sie Sätze.

Das Material _____ . (1)
(dringend gebraucht werden)
Die Autos _____ . (1)
(in unserer Hamburger Fabrik produziert werden)
Der Katalog _____ . (1)
(erst Ende des Jahres neu geliefert werden)
Wie viele Arbeitnehmer _____ ? (1)
(in diesem Unternehmen beschäftigt werden)
In dieser Firma _____ . (1)
(viel im Team gearbeitet werden)

8. Ergänzen Sie.

Es ist ein____ interessant____ Entwicklung. (1)
Wir kennen d____ neu____ Direktor noch nicht. (1)
Wir arbeiten mit ein____ zuverlässig____ Firma zusammen. (1)
Wie ist die Lage in d____ deutsch____ Wirtschaft? (1)
Er kennt viel____ Leute in deutsch____ Firmen. (1)

Lektion 5

Produkte

Büromaterial

1 Welche Spezifizierung gehört zu welcher Rubrik? Ordnen Sie zu. Arbeiten Sie mit dem Wörterbuch.

Wegweiser durch den Katalog
1   Schreibgeräte und Zubehör
2   Registratur, Schriftgutablage
3   Karteien, Spezialkarteien
4   Rund um den Schreibtisch
5   Bürogeräte und Zubehör
6   Kleben, Etikettieren
7   Stempeln, Prägen
8   Schneiden, Vernichten
9   Büropapiere, Formulare
10   Postversand
11   Zeichenbedarf
12   Planungs- und Präsentationsgeräte
13   EDV-Bedarf
14   Bürotechnik und -organisation

1	2	3	4	5	6	7	8	9	10	11	12	13	14
							G						

Spezifizierungen

(A) Das notwendige Handwerkszeug für Architekten, Grafiker, Ingenieure und alle, die viel zu zeichnen und entwerfen haben.

(B) Das sind die vielen nützlichen Dinge, die Ihnen die Büroarbeit erleichtern: Schreibtischaccessoires, Telefonzubehör, Büroleuchten usw.

(C) Der richtige Klebstoff für den Fall der Fälle, ob flüssig, fest oder als Klebeband, und Etiketten für die tägliche Büroarbeit für fast alle Einsatzbereiche.

(D) Flipcharts, damit Ihr Vortrag verstanden wird, und Planungstafeln, die helfen, Arbeitsvorgänge zu optimieren und zu rationalisieren.

(E) Stempel und Schriftpräger machen standardmäßige Beschriftung einfacher und schneller.

(F) Von der praktischen Rollkartei bis zum klassischen Karteikasten, dazu die passenden Karteikarten und Karteireiter.

(G) Präzises Schneiden mit den richtigen Scheren, Messern und Schneidemaschinen, dazu Aktenvernichter, damit Geheimnisse geheim bleiben.

(H) Alles für die Ablage, Ordner und was dazu gehört.

(I) Papiere aller Art für dies und das. Ein Auszug aus unserem umfangreichen Papierprogramm. Doch fragen Sie uns, wenn Sie spezielle Wünsche haben.

(J) Für jede Arbeit den richtigen Locher und Hefter, für jede Maschine das richtige Farbband und für jede Korrektur das richtige Korrekturmittel.

(K) Angebote über Tischrechner, Schreibmaschinen, Telefaxgeräte, Diktiergeräte und Büromöbel.

(L) Damit geht die Post erst richtig ab: elektronische Briefwaagen, Portocomputer, Briefhüllen.

(M) Erst durch das richtige Zubehör machen Sie Ihren PC oder Computer zum besten Mitarbeiter Ihres Betriebes.

(N) Vom altbewährten, nicht wegzudenkenden Bleistift bis zum Luxusfüllfederhalter, modernen Faserschreiber und Textmarker.

5A

2 Welche Abbildung aus B gehört zu welcher Rubrik aus A? Welcher Text aus C gehört zu welcher Abbildung aus B? Füllen Sie das Raster aus.

A

1	Registratur, Schriftgutablage
2	Kleben, Etikettieren
3	Stempeln, Prägen
4	Rund um den Schreibtisch
5	EDV-Bedarf

A: Rubriken	1	2	3	4	5
B: Abbildungen					
C: Texte					

B

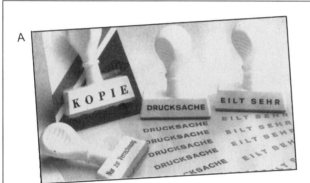

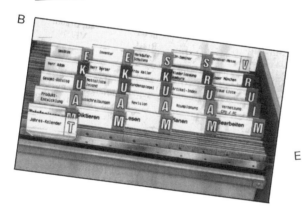

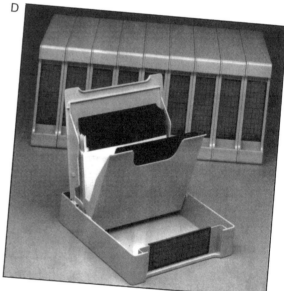

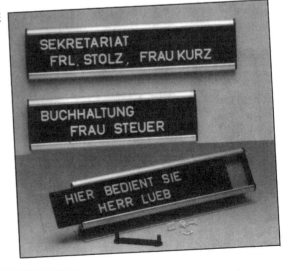

c

a) Tür- und Tischschilder

Für die Kenntlichmachung von Büro- oder anderen Räumen bzw. den Informationshinweis auf Tischen oder an Schaltern liefern wir 20 Tür- und Tischschilder.

Türschild		**Tischschild**	
Mit Acrylabdeckung 6x20 cm.		Mit Acrylabdeckung 6x20 cm.	
16041	**27,98**	**16046**	**36,01**

b) Hinweisetiketten

... für Informationen, die nicht übersehen werden.

Größe mm	Ausführung	Kleinpackung		
		Stk.	B-Nr.	Preis
37x13	Wichtig	48	**3001**	**1,71**
	Eilt sehr	48	**3002**	**1,71**
	Termin	48	**3048**	**1,71**
	Neu	48	**3049**	**1,71**
37x18	Luftpost	36	**3014**	**1,71**
39x9	Hinweispfeile	63	**3008**	**1,71**

c) Methodik-Schildchen

Damit können Sie eine methodisch gegliederte Arbeitsplatz-Hängeregistratur aufbauen. Jeder Bogen hat 50 Schildchen mit aufgedruckten Buchstaben-/Farbsymbolen. Ein Beutel beinhaltet 5 Bogen.
LE 1904

17,65

d) Stempel

Kunststoff mit fingergerechtem Griff. Abdruckbreite: ca. 45 mm. Folgende Texte sind lieferbar: 1. Einschreiben, 2. Ablage, 3. Luftpost, 4. Betrag dankend erhalten, 5. Warensendung, 6. Bezahlt, 7. Päckchen, 8. Dringend, 9. Durch Eilboten, 10. Erledigt, 11. Lieferschein, 12. inkl. Mehrwertsteuer, 13. Eilt sehr, 14. Kopie, 15. Büchersendung, 16. Vertraulich, 17. Rechnung, 18. Telefax.
193

4,14

e) Diskettenkassetten

Eignen sich für alle Fälle, wo nur eine geringe Zahl von Disketten verwendet wird.
Die Beschriftung können Sie vertikal und horizontal vornehmen.

Best.-Nr.	Format	Außenmaße mm BxHxL	Stückpreis
1446	31/2″	136x42x204	**20,31**
1400	51/4″	168x42x188	**20,31**

5A

 Bestellung von Büromaterial

△ Wir brauchen dringend Etiketten mit „Wichtig" und „Dringend".

● Wie viele denn?

△ Je 200 Stück.

● Geht in Ordnung.

△ Ich brauche zwei Locher.

● In welchen Farben?

△ Beide in Rot.

● Ich schicke sie Ihnen sofort rüber.

△ Schicken Sie mir bitte fünf Diskettenkassetten.

● Für welches Format?

△ 3 ½ Zoll.

● Sie bekommen sie morgen früh.

3 **Füllen Sie die Bestellkarte aus. Sie benötigen:**

a) 3000 Blatt Schreibmaschinenpapier, 70 g, DIN A 4
b) 20 Farbstifte, rot
   10 Farbstifte, grün
   10 Farbstifte, rot blau
c) 10 Scheren, 9 Zoll

Farbstifte

Best.-Nr.	Farbe	Preis
91001/2	schwarz	**1,58**
9609	rot	**1,58**
9610	blau	**1,58**
9611	grün	**1,58**
9612	gelb	**1,58**
9613	karmesin	**1,58**
9614	braun	**1,58**
9608	rot blau	**1,58**

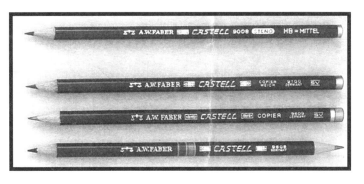

Mattpost

Mit Wasserzeichen. Ausgezeichnetes Schreibmaschinenpapier im Format DIN A4, auch für die Beschriftung per Hand bestens geeignet.

Best.-Nr.	Menge	Preis
32427	100 Blatt, 70 g	**7,37**
32482	500 Blatt, 80 g	**34,—**
32471	500 Blatt, 70 g	**30,—**

Papierscheren

10 Zoll = 25,5 cm. Gewicht: ca. 120 g
5510   **9,83**

9 Zoll = 23,0 cm. Gewicht: ca. 116 g
559   **8,78**

8 Zoll = 20,3 cm. Gewicht: ca. 100 g
558   **7,95**

BESTELLUNG

Bitte liefern Sie uns folgende Artikel aus Ihrem Angebot

Artikel-Nr.	Artikelbezeichnung	Farbe Größe	Menge	Einzelpreis	Gesamtpreis
					Total	

Die Ware bleibt bis zur vollständigen Bezahlung unser Eigentum!

Für eilige Rückfragen bitte Telefon-Nr. (_____)

zuständig ist: _____

X _____
Datum / Unterschrift

Bitte geben Sie Ihren Absender auf der Rückseite an.

4 Ergänzen Sie mit den Wörtern aus dem Schüttelkasten.

Rund um den Schreibtisch

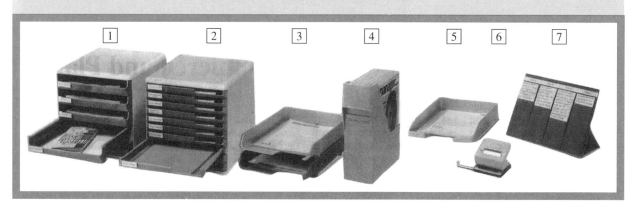

LEITZ Ambiente grau

Genau im Trend: Arbeitsplatzausstattung im Farbton moderner Büroarbeitsplätze. Arbeitsplätze sind nicht nur _____ im Büro. Auch in der Hotelrezeption, am Empfang, am Bankschalter, in der Arztpraxis signalisieren die Hilfsmittel »Ambiente grau« kompetente Sachlichkeit.

1 Post-Set
Aufbewahren, Sammeln und Sortieren von Unterlagen mit schnellem Zugriff. Lichtgraues Gehäuse mit 5 dunkelgrauen _____; 3 weitere Farben lieferbar. Mit Beschriftungs_____ zum Aufstecken.
LE 5280   **83,35**

2 Formular-Set
In dem lichtgrauen Gehäuse mit 10 dunkelgrauen _____ ist genügend Platz für alle Vor-

drucke und _____, die Sie bei Ihrer täglichen Arbeit benötigen. Lieferbar auch mit 10 Schubladen in Braun, Gehäuse sandfarben. Mit Beschriftungs_____ in Grau/Weiß.
LE 5281   **109,70**

3 Exklusiv-Briefkörbe
In den Farben Licht- und Dunkelgrau. Mit ihrem ausgezeichneten Design bereichern diese Ablagekörbe jeden modernen Arbeitsplatz.
LE 5220   **12,20**

4 Stehsammler
Fachzeitschriften, Broschüren, Prospekte, Preislisten finden darin Platz. Diese lichtgrauen _____ im Hochformat sind in 7 weiteren Farben lieferbar.
LE 2425   **8,68**

5 Standard-Briefkörbe
Die stapelbare Standardausführung zeigt sich hier von ihrer eleganten Seite: in dezentem Lichtgrau. Millionenfach bewährt. In 8 weiteren Farben.
LE 5227   **6,40**

6 Büro-_____
Der lichtgraue Locher schafft 25 Blatt _____papier auf einmal. In 4 weiteren Farben.
LE 5008   **8,70**

7 Aufgaben-Planer
Für konsequentes Planen am Arbeitsplatz. Damit haben Sie alle wichtigen Aufgaben stets im Auge. Die weiß/grauen _____ _____karten (mit ausreichend Platz für Stichworte) können, je nach Priorität, umgesteckt werden.
LE 6170   **72,35**

Schubladen   -schildern
-schildern   Planungs-
Locher   Schreibtische
Schreibmaschinen-
Sammler
Formulare
Schubladen

Zeichen, Buchstaben, Zahlen

-	Bindestrich
/	Schrägstrich
(	Klammer auf
)	Klammer zu
()	in Klammern
A	großes A (wie Anton)
a	kleines A (wie Anton)
I, II, III, …	römisch eins, zwei, drei, …

Geben Sie Ihrem Geschäftspartner die folgenden Bestellnummern telefonisch durch. Hören Sie anschließend den Text auf der Kassette.

5

Beispiel: Bb 1904/IV
Großes B wie Berta; kleines B wie Berta; eins; neun; null; vier; Schrägstrich; römisch vier.

1. D / F - 32247
2. 27 / 340 / 11
3. C / 3517 - 4698
4. 32471 e
5. 4-31-17/21

6. VW / 9609
7. IX / 4 / C
8. 8147 (21)
9. KJ - 4937 / d
10. 6933 / Z

DIN-Formate

DIN-Formate
DIN-Formate spielen bei der Herstellung von Prospekten, Katalogen, Werbebriefen, Karten und Briefumschlägen eine entscheidende, kostensparende Rolle. Die genormten Papierformate sind in drei DIN-Reihen gegliedert:
A: Werbebriefe, Prospekte, Broschüren, Kataloge
B und C: Briefumschläge, Mappen, Aktendeckel.

A-Reihe	B-Reihe	C-Reihe
A2 420x594 mm	B3 353x500 mm	C3 324x458 mm
A3 297x420 mm	B4 250x353 mm	C4 229x324 mm
A4 210x297 mm	B5 176x250 mm	C5 162x229 mm
A5 148x210 mm	B6 125x176 mm	C6 114x162 mm
A6 195x148 mm		
A7 74x105 mm		

Welche Normen verwenden Sie in Ihrem Land?

6

5B

 Informationen über ein Produkt

△ Frau Merkel, wissen Sie vielleicht, wo wir möglichst billig einen Klein-kopierer kaufen können?

● Denken Sie an eine bestimmte Marke?

△ Nein, eigentlich nicht. Ich kenne mich da nicht so aus.

● Für uns wäre es natürlich praktisch, wenn er vergrößern und ver-kleinern könnte.

△ Glauben Sie nicht, dass so ein Gerät recht teuer ist?

● Ich weiß nicht, ich kann mich mal erkundigen.

△ Ja, und fragen Sie, wie viele Kopien so ein Modell pro Minute macht und ob die Wartung einfach ist!

Satzstellung in Nebensätzen

Ich glaube,	dass	die Maschine 3 000 DM	kostet.
Er hat mir gesagt,	dass	er heute Abend nicht kommen	kann.
Er erklärt ihr,	dass	das Gerät nächste Woche geliefert	wird.
Es wäre gut,	wenn	Sie die Geräte bis April liefern	könnten.
Es wäre praktisch,	wenn	der Kopierer auch verkleinern	könnte.
Wir nehmen den Kopierer,	weil	er billig	ist.
Er kauft die Maschine,	weil	sie nur 800 DM	kostet.
Ich weiß nicht,	wer	aus Hamburg angerufen	hat.
Wissen Sie,	ob	er schon im Hotel angekommen	ist?
Fragen Sie ihn,	wo	diese Modelle produziert	werden.
Wissen Sie,	wie viele	Kopien pro Minute der Kopierer	macht?
Ich frage mich,	warum	wir nicht mehr Geräte verkauft	haben.

Ergänzen Sie.   **7**

Beispiel: △ *Hat Herr Hosch schon angerufen?*
          ● *Ja, Frau Merkel hat mir gesagt, dass er schon angerufen hat.*

1. Kann man mit dem Gerät auch DIN A3-Kopien machen?
   Ja, der Verkäufer hat uns erklärt, dass …
2. Kennt Herr Zimmermann diese Firma?
   Ja, ich bin sicher, dass …
3. Hat die Firma genügend Reserven gebildet?
   Nein, ich glaube nicht, dass …
4. Werden die neuen Geräte sofort geliefert?
   Ja, die Verkaufsabteilung hat uns informiert, dass …
5. Führt die Firma Wolff diese Maschinen auch nach China aus?
   Ja, ich habe gehört, dass …

Indirekte Frage

> **Wo** können wir einen Klein-
> kopierer kaufen?
>
> **Wissen Sie, wo** wir einen
> Kleinkopierer kaufen können?

8 **Bilden Sie Sätze nach dem vorstehenden Muster.**

1. Wie viele Kopien macht er? – Wissen Sie, …
2. Wer produziert solche Geräte? – Wissen Sie, …
3. Wann wird das Gerät geliefert? – Wissen Sie, …
4. Was verkauft Herr Schmidt jetzt? – Wissen Sie, …
5. Wie werden die Vergrößerungen gemacht ? – Wissen Sie, …
6. Welches Modell ist gut? – Wissen Sie, …
7. Woher können wir die Geräte beziehen? – Wissen Sie, …
8. Warum kann Herr Blohme heute nicht kommen? – Wissen Sie, …

9 **Ergänzen Sie mit den Angaben aus dem ersten Satz.**

Beispiel: *Die Firma produziert Kleinkopierer.*
Wissen Sie, was …
Wissen Sie, was die Firma produziert?

1. Wo sind die neuen Etiketten?
   Fragen Sie Frau Schramm, wo …
2. Wer könnte die Wartung übernehmen?
   Ich weiß nicht, wer …
3. Wie viele Stempel sollen wir dieses Jahr bestellen?
   Wissen Sie, wie viele …
4. Welche Firmen verkaufen Telefax-Geräte?
   Erkundigen Sie sich, welche …
5. Wie viele Schubladen hat das Modell?
   Fragen Sie den Verkäufer, wie viele …

6. Wie teuer ist der Schreibtisch?
   Ich möchte wissen, wie …
7. Woher hat er diese Information?
   Ich weiß nicht, woher …
8. Die Geräte werden in Bremen montiert.
   Wissen Sie, warum …
9. Er kommt morgen um fünf Uhr.
   Fragen Sie ihn, wann …
10. In der Niederlassung in Stuttgart wird Glas produziert.
    Wissen Sie, was …

10 **Stellen Sie Fragen. Beginnen Sie mit „Glauben Sie wirklich, dass…?".**

Beispiel: △ *So ein Gerät ist teuer.*
　　　　　● *Glauben Sie wirklich, dass so ein Gerät teuer ist?*

△ Das ist schwierig.
● …

11 **Ergänzen Sie mit den Angaben aus der ersten Frage.**

Beispiel: *Ist das Gerät teuer?*
Wissen Sie, ob das Gerät teuer ist?

1. Ist die Wartung einfach?
   Wissen Sie, …
2. Hat die Firma auch andere Modelle?
   Wissen Sie, …
3. Ist er schon im Hotel angekommen?
   Ich weiß nicht, …
4. Hat das Modell fünf oder zehn Schubladen?
   Erkundigen Sie sich, …
5. Kann die Maschine auch vergrößern?
   Wissen Sie, …

Ergänzen Sie.

| warum | weil | wenn | dass | ob |

1. Ich glaube nicht, _____ Kleinkopierer sehr teuer sind.

2. Ich kann mir nicht erklären, _____ die Maschine so teuer ist.

3. Es wäre gut, _____ Sie morgen kommen könnten.

4. Fragen Sie ihn, _____ die Ware in China oder in Korea hergestellt wird!

5. Ich habe rote Farbstifte bestellt, _____ sie besonders billig sind.

Spielen Sie die Szene in der Klasse.

Beispiel: △ *Wissen Sie, wann Herr Berger kommt?*   △ Wissen Sie, …
              ● *Ich glaube, morgen um 10.00 Uhr.*   ● …

Gesucht wird ein Tischkopierer für folgende Anforderungen:

– nur wenige Kopien pro Monat
– leicht zu tragen
– kurze Aufwärmzeit

Welcher Tischkopierer entspricht diesen Anforderungen?

Tischkopierer im Vergleich

So lesen Sie die Tabelle

Alle Preise zirka, in Mark, nach Herstellerangaben.

Kopien pro Monat:
Kopierleistung, für die das Gerät vom Hersteller ausgelegt ist. Sollte 25 Prozent über dem tatsächlichen Bedarf liegen.

Aufwärmzeit:
Zeit zwischen Einschalten und erster Kopie.

Selbstdiagnose:
Elektronische Hilfe bei stets möglichen Störungen. Kontrollleuchten und Symbole signalisieren die mögliche Fehlerursache.

Tonerfarben:
Kopiert werden kann immer nur eine Farbe auf einmal. Durch Austauschen der Farbkassetten ist aber Kopieren in verschiedenen Farben möglich.

Kopiervorwahl:
Bei Eingabe der gewünschten Zahl von Kopien wird automatisch kopiert.

Preis pro Kopie inklusive Abschreibung:
Setzt sich zusammen aus 75 Prozent der vom Hersteller angegebenen Kopier-Kapazität, multipliziert mit einer durchschnittlichen Lebensdauer des Gerätes von 36 Monaten. Dies entspricht den reinen Verbrauchskosten für drei Jahre. Addiert wird der Kaufpreis des Kopierers abzüglich Restwert von 20 Prozent nach drei Jahren Gebrauch. Dividiert durch das Kopiervolumen in diesen drei Jahren ergeben sich die Kosten pro Kopie mit dem Wertverlust des Gerätes.

Modell	X 15	FC-5	PC-22	Modell 100
Kopien pro Monat	**3000**	**400**	**800**	**600**
Kopien pro Minute	10	manuell	8	6
1. Kopie in Sek.	11	15	11	10
Vorlagen bis max. (mm)	210x297	210x297	210x297	210x297
Kopien bis max. (mm)	210x297	210x297	210x297	210x297
Maße (BxTxH in cm)	41x50x21	39x42x14	41x49x24	39x43x19
Gewicht (in kg)	25	12	23	19
Aufwärmzeit (in Sek.)	20	15	20	20
Autom. Selbstdiagnose	●	–	●	●
Tonerfarben	5	5	5	4
Kopienvorwahl	1-19	1-9	1-19	1-19
Preis Grundgerät	**3 534**	**2 260**	**3 170**	**2 500**
Preis pro Kopie	0,068	0,116	0,131	0,099
Preis pro Kopie inkl. Abschreibung	**0,102**	**0,286**	**0,25**	**0,22**

● = Ja, vorhanden   – = Nein, nicht vorhanden

15 Ergänzen Sie die drei Lücken mit den entsprechenden Wörtern aus dem Textabschnitt „Preis pro Kopie inklusive Abschreibung" aus Aufgabe 14.

Modell FC 5

Preis pro Kopie	0,116 DM
Kopierkapazität pro Monat	400 Kopien
davon 75%	300 Kopien
_____	36 Monate
_____ für drei Jahre	0,116 DM x 300 x 36
	= 1253,00 DM
_____	+ 2260,00 DM
davon Restwert 20%	– 452,00 DM
	───────────
	3061,00 DM
Kopiervolumen (300 Kopien, 36 Monate)	10800 Kopien
Preis pro Kopie (inkl. Abschreibung)	3061,00 DM : 10800 **= 0,28 DM**

Gespräch zwischen Kunde und Verkäufer

△ Dies ist unser neues Modell. Wir haben eine ganze Reihe von Varianten für die einzelnen Verwendungszwecke. Welches Ladevolumen brauchen Sie denn?

● 10 bis 12 m³. Aber wichtig ist, dass die Ladefläche durchgehend eben ist und dass wir auch große Teile leicht verladen können. Und besonderen Wert legen wir natürlich auf die Qualität der Verarbeitung.

△ In dem Fall empfehle ich Ihnen die Typen RS oder RT. Und Sie haben für alle Modelle fünf Jahre Garantie auf Motor und Karosserie. Außerdem ist die ganze Serie sehr sparsam im Verbrauch.

● Und die Motorleistung?

△ Bei den Dieselmodellen liegt sie zwischen 70 und 120 PS, aber vielleicht käme für Sie ja auch das Turbo-Diesel Modell RT-D in Frage, das besonders wirtschaftlich ist.

● …

Genitiv

SINGULAR				
– Maskulinum	die Qualität	**des** (neuen) Motor**s**	die Entwicklung	ein**es** (neuen) Motor**s**
– Femininum		**der** (neuen) Karosserie		ein**er** (neuen) Karosserie
– Neutrum		**des** (neuen) Modell**s**		ein**es** (neuen) Modell**s**
PLURAL		**der** (neuen) Maschinen		neu**er** Maschinen

Anfang	der Woche
Mitte	des Monats
Ende	des Jahres
	des Jahrhunderts
binnen	einer Woche

Ergänzen Sie.

1. Besonders wichtig für uns ist die Ladefläche _____ (die Modelle).

2. Die Wartung _____ (der Kopierer) ist sehr leicht.

3. Ich habe ihn Anfang _____ (das Jahr) in Köln getroffen.

4. Sprechen Sie mit dem Leiter _____ (die Abteilung)!

5. Die Lieferung muss binnen _____ (eine Woche) hier eintreffen.

6. Der Preis _____ (die Kopien) ist sehr hoch.

7. Bestellen Sie das Modell Mitte _____ (der Monat)!

8. Herr Meier übernimmt die Bestellung _____ (die Geräte).

9. Die Produktion _____ (das Modell) ist bis Ende _____ (die Woche) gestoppt.

10. Die Entwicklung _____ (ein neuer Motor) dauert zwei bis drei Jahre.

Possessivpronomen

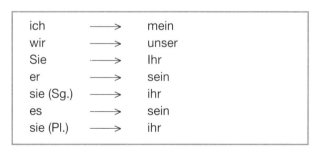

ich	⟶	mein
wir	⟶	unser
Sie	⟶	Ihr
er	⟶	sein
sie (Sg.)	⟶	ihr
es	⟶	sein
sie (Pl.)	⟶	ihr

	NOMINATIV	AKKUSATIV	DATIV	GENITIV
SINGULAR				
– Maskulinum	mein neuer Chef	meinen neuen Chef	meinem neuen Chef	meines neuen Chefs
– Femininum	meine neue Firma	meine neue Firma	meiner neuen Firma	meiner neuen Firma
– Neutrum	mein neues Modell	mein neues Modell	meinem neuen Modell	meines neuen Modells
PLURAL	meine neuen Geräte	meine neuen Geräte	meinen neuen Geräten	meiner neuen Geräte

17 Ergänzen Sie.

1. Zeigen Sie mir bitte Ihr___ neu___ Modelle!
2. Sein___ groß___ Ladefläche ist sehr praktisch.
3. Vergessen Sie nicht sein___ sparsam___ Benzinverbrauch!
4. Unser___ klein___ Kopierer sind besonders billig.
5. Ihr___ letzt___ Arbeit war sehr interessant, Herr Funke.
6. Geben Sie unser___ neu___ Verkaufsleiter die genauen Termine d___ nächst___ Messe an!
7. Haben Sie sein___ letzt___ Bestellung erhalten?
8. Unser___ amerikanisch___ Tochtergesellschaft produziert Büromaterial.
9. Wo ist denn das Wörterbuch Ihr___ italienisch___ Sekretärin?
10. Er hat mir sein___ neu___ Kataloge gezeigt.

Kundenwünsche und Empfehlungen

KUNDE	VERKÄUFER
Ich / Wir suche(n) … brauche(n) … benötige(n) …	Denken Sie an …?
Können Sie uns … empfehlen? Wissen Sie, …?	Vielleicht käme für Sie … in Frage.
Für uns wäre es praktisch, wenn … Besonders wichtig ist, dass … Wir legen Wert auf …	In diesem Fall empfehle ich Ihnen …

18 Bilden Sie Sätze und ergänzen Sie die Endungen.

Ich brauche / benötige / suche
Wir brauchen / benötigen / suchen
Der Kunde braucht / benötigt / sucht
Die Firmen brauchen / benötigen / suchen

ein___ leistungsfähig___ Computer
ein___ hochwertig___ Qualität
ein___ zuverlässig___ Lieferanten
ein___ billig___ Modell
einfach___ Konzepte
größer___ Mengen

Wir legen Wert auf
Können Sie uns … empfehlen?
Denken Sie an …?
Ich empfehle Ihnen

ein___ gut___ Chemiker
ein schnell___ Auto
ein___ billig___ Marke
ein___ klein___ Unternehmen
klein___ Modelle
ein___ einfach___ Maschine

Spielen Sie ein Verkaufsgespräch in der Klasse.

Was sagt man hier am Telefon? Bilden Sie die kompletten Fragen mit den nachstehenden Ergänzungen.

1. Sie wissen nicht, ob Sie richtig verbunden sind.

Spreche ich _____

Bin ich _____

Ist _____

Bin ich bei _____

2. Sie wissen nicht, mit wem Sie sprechen.

Wer _____

Mit wem _____

Wer ist bitte _____

3. Sie stellen Fragen zur Person.

Wie war noch mal _____

Wie war noch mal _____

Wie war noch mal _____

bin ich verbunden?   dort die Einkaufsabteilung?   mit Herrn Peters?   Ihre Adresse?

Ihre Telefonnummer?

spricht da bitte?   mit der Einkaufsabteilung verbunden?   Ihr Name?   Rechtsanwalt Feldmann?   am Apparat?

5C

Produktinformationen

21 Suchen Sie im Wörterbuch zu den folgenden Begriffen die Entsprechungen in Ihrer Muttersprache und kreuzen Sie dann an, in welchen Anzeigentexten diese Wörter enthalten sind.

	Entsprechung in der Muttersprache	MAN	FORD	V.A.G.
Volumen				
Transportleistung				
Tragfähigkeit				
Ladevolumen				
Ladefläche				
Kosten und Qualität				
Anschaffungskosten				
Betriebskosten				
wirtschaftlich				
Qualität				
Werkstoffe				
Verarbeitung				
Katalysator				
Korrosionsschutz				
Langlebigkeit				
zuverlässig				
Konzept				
Fahrzeugkonzept				
branchenspezifisch				
branchenorientiert				
Aufbauvarianten				
Komfort				
leichtes Handling				
Fahrkomfort				

22 Ergänzen Sie.

Präsens der Verben mit Vokalwechsel

	er / sie / es			er / sie / es
a > ä			**e > ie**	
erhalten	erhält		empfehlen	empfiehlt
fahren	_____		lesen	_____
hinterlassen	_____		sehen	_____
lassen	_____			
raten	rät		**e > i**	
verladen	verlädt		entsprechen	entspricht
			geben	_____
au > äu			sprechen	_____
laufen	läuft		treffen	_____
			nehmen	_____
i > ei			übernehmen	übernimmt
wissen	weiß			

23 Ergänzen Sie.

1. Ab wann _____ (übernehmen) er die Leitung der Verkaufsabteilung?

2. Er _____ (sprechen) leider nur Englisch.

3. Wissen Sie, ob Frau Sülz morgen nach Hamburg _____ (fahren)?

4. Unser Verkaufsleiter _____ (treffen) Herrn Kaiser um achtzehn Uhr.

5. Der Direktor _____ (nehmen) den Flug um 17.30 Uhr.

6. Er _____ (wissen) nicht, wie viel der Kopierer kostet.

7. Frau Merkel _____ (sehen) ein interessantes Angebot im Katalog.

8. Er _____ (lesen) viele deutsche Zeitungen.

9. _____ (entsprechen) das dem Konzept der Firma?

10. Wer _____ (geben) ihr die Adresse?

24 Welche Antwort passt zu welcher Frage?

1. Warum brauchen Sie eine so große Ladefläche?
2. Warum empfehlen Sie mir nicht dieses Auto?
3. Warum ist dieses Gerät so teuer?
4. Warum wollen Sie den Wagen nicht sofort kaufen?
5. Warum nehmen Sie das kleine Modell?
6. Warum nehmen Sie nicht das kleine Modell?

a) Weil wir sehr viel vergrößern und verkleinern müssen.
b) Weil es nicht sehr wirtschaftlich ist.
c) Weil wir nicht genug Geld haben.
d) Weil wir auch sehr große Teile transportieren müssen.
e) Weil wir nicht sehr viele Kopien im Monat machen.
f) Weil es von sehr guter Qualität ist.

Frage Nr.	1	2	3	4	5	6
Antwort						

Abkürzungen

allg.	allgemein	_____
bzw.	beziehungsweise	_____
ca.	circa	_____
d.h.	das heißt	_____
evtl.	eventuell	_____
Nr.	Nummer	_____
S.	Seite	_____
s.	siehe	_____
s.o.	siehe oben	_____
s.u.	siehe unten	_____
u.a.	unter anderen / und andere	_____
usw. / etc.	und so weiter / et cetera	_____
v.H.	von Hundert	_____
vgl.	vergleiche	_____
z.B.	zum Beispiel	_____
z.Z. / z.Zt.	zur Zeit	_____

Notieren Sie in der Tabelle die Entsprechungen in Ihrer Muttersprache. Arbeiten Sie mit dem Wörterbuch.

25

Lesen Sie laut.

26

1. Das kostet ca. 150 DM.
2. Ich bin in Zimmer Nr. 316.
3. Er ist z.Z. in den USA.
4. Der Text steht auf S. 15.
5. Sprechen Sie z.B. mit Herrn Ströbel.
6. Die Kunden kommen aus Deutschland bzw. aus Österreich.
7. vgl. S. 10.
8. s. S. 12.
9. Wir verkaufen Büromöbel, Kopiergeräte usw.
10. Die Preise sind um 50 DM, d.h. um 10%, gestiegen.

jemand – niemand

NOMINATIV	Ist jemand da?	Im Moment ist niemand da.
AKKUSATIV	Könnten Sie mir jemand**en** empfehlen?	Ich kenne niemand**en**.
DATIV	Hat er jemand**em** gesagt, wohin er fährt?	Nein, niemand**em**.

je / jemals – nie / niemals

Sind Sie je / jemals hier gewesen?	Nein, nie / niemals .
	Ich bin nie / niemals hier gewesen.

irgendwo – nirgendwo / nirgends

Haben Sie meine Diskette irgendwo gesehen?	Nein, nirgendwo / nirgends .
	Ich habe die Diskette nirgendwo / nirgends gesehen.

27 **Ergänzen Sie mit „niemand…", „niemals" oder „nirgendwo".**

1. Ich habe _____ gesehen.

2. Er ist _____ vor neun Uhr im Büro.

3. _____ ist es so schön wie hier.

4. Bis jetzt haben wir _____ Maschinen nach China ausgeführt.

5. _____ weiß, was die Maschine kostet.

6. In der Umgebung gibt es _____ einen Taxistand.

7. Ich kann Sie leider im Moment mit _____ verbinden.

8. In unserem Erfurter Büro haben wir _____ Kleinkopierer verkauft.

9. Ich habe _____ getroffen.

10. Unsere Firma benötigt _____ größere Mengen.

Wo? Wohin?

Er ist	Er geht	Er ist	Er geht
im Kino	ins Kino	in der Sauna	in die Sauna
im Theater	ins Theater	in der Konditorei	in die Konditorei
im Hotel	ins Hotel	in der Kongresshalle	in die Kongresshalle
im Restaurant	ins Restaurant	in der Ausstellung	in die Ausstellung
im Krankenhaus	ins Krankenhaus	im Gasthof	in den Gasthof
im Tagungszentrum	ins Tagungszentrum	im Nachtklub	in den Nachtklub
im Goethe-Institut	ins Goethe-Institut	im Laden	in den Laden
im Schwimmbad	ins Schwimmbad		
im Spielcasino	ins Spielcasino	auf dem Golfplatz	auf den Golfplatz
im Geschäft	ins Geschäft	auf dem Parkplatz	auf den Parkplatz
		auf der Terrasse	auf die Terrasse
in der Klinik	in die Klinik	auf der Messe	auf die Messe
in der Oper	in die Oper		
in der Bar	in die Bar	**aber:**	
in der Diskothek	in die Diskothek	zu Hause / zuhause	nach Hause

Hören Sie und antworten Sie.

Beispiel: △ *Ist er schon im Restaurant?*
  ● *Nein, er geht erst später ins Restaurant.*

△ Ist er schon in der Sauna?
● Nein, …

Spielen Sie die Szene in der Klasse.

Beispiel: △ *Sind Sie am Samstag um 10.00*
  Uhr in der Firma?
  ● *Nein, am Samstag fahre ich immer*
  nach Hause.

△ *Sind Sie …?*

● *Nein, … fahre ich immer …*

Höfliche Bitte

Bitte geben Sie mir einen Bleistift! Geben Sie mir bitte einen Bleistift! Würden Sie mir bitte einen Bleistift geben? Könnten Sie mir bitte einen Bleistift geben? Darf ich Sie etwas fragen? Dürfte ich Sie etwas fragen? Könnte ich Sie etwas fragen? Ich möchte gern eine Tasse Kaffee. Ich hätte gern eine Tasse Kaffee. Hätten Sie vielleicht eine Diskette? Ich habe eine Bitte: Könnten Sie mir 100 Dollar wechseln? Ich hätte eine Bitte: Könnten Sie mir 100 Dollar wechseln?	 Ja, natürlich. Ja, bitte. Ja, selbstverständlich.

Spielen Sie ähnliche Szenen in der Klasse.

Beispiel: △ *Würden Sie mir bitte die Telefonnummer von Herrn Westmann geben?*
  ● *Ja, selbstverständlich.*

Telefonauskunft

△ Auskunft, guten Tag!

● Kagana, guten Tag! Ich hätte gern eine Nummer in Bielefeld. Der Name ist *Boelcke, Paul*. Und die Adresse ist: Gustav-Heinemann-Straße 7.

△ Können Sie den Nachnamen bitte buchstabieren?

● *Berta, Otto, Emil, Ludwig, Cäsar, Kaufmann, Emil.*

△ Moment bitte! ... Die Nummer ist 40 32 71.

● *Würden Sie bitte wiederholen?*

△ 40 32 71.

● Gut, vielen Dank. Auf Wiederhören!

△ Wiederhören!

31 **Ersetzen Sie die schräg gedruckten Elemente durch folgende.**

– Wolters, Emil
– Fitzmann, Gerda
– Benecke, Gisela

– Könnten Sie bitte wiederholen?
– Wiederholen Sie, bitte!
– Bitte wiederholen Sie!

Tischreservierung

△ Restaurant Margarethenhof, guten Tag!

● Lavollée, guten Tag! Ich hätte gern für *morgen Abend* einen Tisch für vier Personen.

△ Moment bitte! … Für wie viel Uhr?

● *20.00 Uhr.*

△ Ja, gern. Wie war noch mal Ihr Name, bitte?

● Lavollée.

△ Vielen Dank! Auf Wiederhören!

● Auf Wiederhören!

Ersetzen Sie die schräg gedruckten Elemente durch folgende.

32

- heute Abend
- Dienstagabend
- den Zwanzigsten, abends

- halb acht
- zwanzig Uhr dreißig
- neun Uhr

Zimmerreservierung

△ Hotel Atlantik, guten Tag!

● Karitides, guten Tag! Ich möchte ein Zimmer *für die Nacht vom zwölften auf den dreizehnten Juni* reservieren.

△ Ein Einzelzimmer oder ein Doppelzimmer?

● *Ein Einzelzimmer bitte, mit Bad.*

△ Das geht in Ordnung. Ich nehme an, Sie sind vor 19.00 Uhr hier?

● Ja, ich komme um 17.30 Uhr in Hamburg an.

△ Schön. Und Ihr Name war Karitides, nicht wahr?

● Ja, mit „K".

△ Vielen Dank! Auf Wiederhören!

● Auf Wiederhören!

33 **Ersetzen Sie die schräg gedruckten Elemente durch folgende.**

– für morgen Abend
– vom Zweiten bis Vierten August
– für nächstes Wochenende, von Freitag bis Sonntag

– Ein Doppelzimmer bitte, mit Dusche oder Bad.
– Ein Einzelzimmer bitte, mit Dusche und WC.
– Ein Doppelzimmer mit Alsterblick, bitte.

Im Clubhaus

△ Da haben wir aber wirklich Glück gehabt mit dem Wetter. Wer hätte sich das vorgestellt, mitten im März … Haben Sie heute schon eine Runde gespielt?

● Nein, ich bin nur so mit *Herrn Bell* vorbeigekommen, ohne eine Start-zeit zu reservieren. Kennen Sie sich eigentlich?

△ Ich glaube, wir haben uns einmal auf einem Turnier getroffen.

□ Ja richtig, in *Düsseldorf*. Die Fairways waren so eng, und Loch 7 war besonders schwer.

△ Die Seen hier zwischen Loch 12 und 14 sind auch nicht leicht.

● Aber letzte Woche hat ein Kollege von mir auf diesem Platz sein Handicap um 3 Punkte verbessert.

△ Das freut mich für ihn. Dann wünsche ich Ihnen ein gutes Spiel und viel Erfolg! Übrigens: die Küche im Clubhaus ist sehr zu empfehlen. Man isst dort ganz ausgezeichnet.

Ersetzen Sie die schräg gedruckten Elemente durch folgende.

34

- Dr. Hoffmeister
- Frau Weißgerber
- meiner Frau

- Berlin
- Hamburg
- Heidelberg

5E

Humor

Konsonant h, Knacklaut

[h]	Schreibweise: h	Halle, Herr, hier, Hotel, hundert, hängen, hören, Hübner, heißen, Haus, heute, gehört, wiederholen
[ʔ]	Schreibweise: keine	alt, erklären, ihr, oder, Unternehmen, Änderung, Österreich, übernehmen, einfach, Auskunft, euch, vereinbaren, uninteressant

35 Hören Sie und wiederholen Sie.

– Haltestelle, …

36 Hören Sie und notieren Sie die Wörter, die den Konsonanten „h" enthalten.

1. *hier* _____   6. _____
2. _____   7. _____
3. _____   8. _____
4. _____   9. _____
5. _____   10. _____

37 Sie planen eine Golf-Woche in Österreich und haben bestimmte Wünsche:

– Golfplatz: – 18-Loch-Anlage
– Hotel: – Sauna, Fitnessraum, Hallenbad
              – Zimmer mit Dusche oder Bad/WC, Balkon und Telefon
              – Halbpension, internationale Küche

Entspricht eines dieser beiden Hotels genau Ihren Wünschen?

180

Der Golfplatz

entstand 1986 unter der fachkundigen Anleitung des international bekannten Golfarchitekten Dudok van Heel aus Brüssel. Die interessante und anspruchsvolle 9-Loch-Anlage des Golf-Clubs Goldegg liegt in idyllischer Landschaft umgeben von Bäumen. Zwischen den Fairways kleine Teiche und bei Loch 4 und 6 Wasserhindernisse. Vorhanden ein Clubhaus, Driving Range, Putting und Pitching Green, Caddy-Wagen, Caddies und Leihsets.

Sporthotel Seehof

Ein gepflegtes 4-Sterne-Familienhotel im Salzburger Landhausstil, das auf eine Tradition seit 1449 zurückblickt. Das Haus liegt direkt am See.

Die Ausstattung: das 50-Betten-Hotel ist mit viel Holz rustikal gestaltet. Im Haus Lift, Restaurant, Bar, Lounge, gemütliche Bauernstube mit Kachelofen, Fernsehraum, Kinderspielzimmer, Fitnessraum, Sauna, Solarium und Massage. Zur Seeseite die Sonnenterrasse, der große Restaurant-Garten am See und die hoteleigene Liegewiese mit Bootssteg. Zum Hotel gehören die 300 m

entfernte Seealm, eine im rustikalen Stil eingerichtete Diskothek sowie Kegelbahn, Spielsalon und Schießstand. Tennishalle 500 m vom Hotel entfernt.

Die Zimmer sind gemütlich und komfortabel ausgestattet und haben alle Dusche oder Bad/WC, Telefon und TV-Anschluss.

Die Verpflegung ist sehr gut: neben der feinen österreichischen, gutbürgerlichen Küche wird auch alternative Vollwertküche angeboten. Halbpension beinhaltet Frühstücksbuffet mit Vollwertprodukten und Abendessen.

Der Golfplatz

des Golfclubs Europa Sportregion zählt zu einer der schönsten Anlagen Österreichs. Der 18-Loch-Meisterschaftsplatz ist seit Mai 1989 um eine 9-Loch-Anlage auf 27 Löcher erweitert. Die Lage zu Kaprun und Zell am See ist zentral. Zu beiden Orten sind es ca. 4 km. Die großzügig angelegte Anlage hat parkähnlichen Charakter, und ein knappes Dutzend Teiche und Seen sind eine Herausforderung für jeden Spieler. 50 Meter vom Clubhaus mit den davor liegenden Parkplätzen die große Driving Range.

Hotel Porschehof

Der „Porschehof" ist ein Haus im rustikal-alpenländischen Stil mit gemütlich-familiärer Atmosphäre. Das Hotel liegt in sonniger Südhanglage, wenige Autominuten vom Ortszentrum Zell am See und in unmittelbarer Nähe zum Golfplatz.

Die Ausstattung bietet alles für den gepflegten Golfurlaub: Restaurant, Bar, Café, Aufenthaltsraum, Bauernstube, Konferenzraum, solargeheiztes Hallenbad, Solarium, Sauna (Massagen), Fitness- und Tischtennisraum, Sonnenterrasse und Liegewiese.

Die Zimmer sind geschmackvoll eingerichtet und haben Bad oder Dusche/WC, Radio, Telefon, Sitzecke und Balkon.

Die Verpflegung besteht aus Halbpension mit Frühstücksbuffet und Abendessen. Die Speisekarte zeigt sich vielseitig und bietet neben österreichischen Schmankerln eine große Auswahl an Spezialitäten der internationalen Küche.

38 Wörterrätsel

Hier sind neun Wörter aus diesem Kapitel waagrecht von links nach rechts und neun weitere Wörter senkrecht von oben nach unten versteckt.

	1	2	3	4	5	6	7	8	9	10	11	12	13	14
A	A	B	S	E	N	N	O	R	M	M	U	G	E	E
B	E	D	E	S	I	G	N	K	O	N	Z	E	P	T
C	E	I	T	S	N	U	E	L	D	A	O	W	R	I
D	P	S	E	U	P	A	P	I	E	R	K	I	O	K
E	A	K	O	S	T	E	N	S	L	E	A	C	D	E
F	H	E	L	F	O	R	M	U	L	A	R	H	U	T
G	S	T	R	A	S	T	E	L	I	U	T	T	K	T
H	A	T	P	R	E	I	S	S	I	T	E	T	T	A
I	V	E	R	B	R	A	U	C	H	O	F	E	R	N
J	A	R	W	E	R	K	S	T	O	F	F	L	E	S

39 Wörterrätsel

Wenn Sie die freien Felder richtig ausfüllen, erhalten Sie senkrecht von oben nach unten 14 Wörter aus diesem Kapitel.

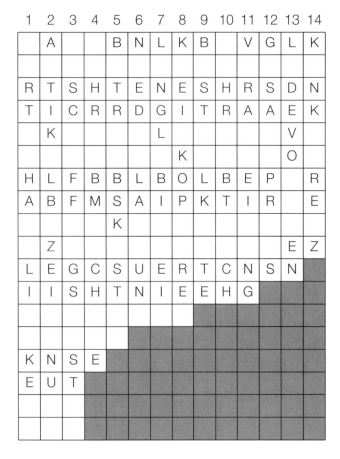

Lektion 6

Werbung

Werbetexte

1 **Lesen Sie die Werbeanzeige und ergänzen Sie die folgende Liste mit den passenden Wörtern aus dem Text.**

die Technik	technisch	der Techniker
die Theorie	theoretisch	der T_____
die Praxis	praktisch	der P_____
die Chemie	chemisch	der Chemiker
die Physik	physikalisch	der Physiker

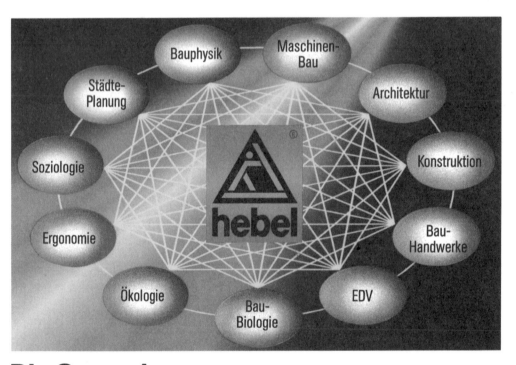

Leistung über den Baustoff hinaus: hebel Unternehmensgruppe

Bauphysik — Maschinen-Bau — Städte-Planung — Architektur — Soziologie — Konstruktion — Ergonomie — Bau-Handwerke — Ökologie — Bau-Biologie — EDV

Die Synergie ist der Summe des Wissens überlegen.

Bei Hebel ergänzen sich Fachleute aus verschiedenen Disziplinen – Wissenschaftler und Handwerker, Theoretiker und Praktiker. Ihr Ziel: besser, humaner, umweltschonender und wirtschaftlicher zu bauen. Den Menschen und der Umwelt zuliebe. Vielleicht hat uns das zur Nr. 1 auf unserem Gebiet gemacht.

hebel — Bauen mit Verstand

Ergänzen Sie.

die Wissenschaft	wissenschaftlich	der Wissenschaftler
		die Wissenschaftlerin
die Soziologie	soziologisch	der Soziologe
		die Soziologin
die Astrologie	_____	_____
		_____
die Biologie	_____	_____
		_____
die Geologie	_____	_____
		_____
die Grafologie	_____	_____
		_____
die Meteorologie	_____	_____
		_____
die Ökologie	_____	_____
		_____
die Philologie	_____	_____
		_____
die Psychologie	_____	_____
		_____
die Semiologie	_____	_____
		_____
die Agronomie	agronomisch	der Agronom
		die Agronomin
die Astronomie	_____	_____
		_____
die Ergonomie	_____	_____
		_____
die Ökonomie	_____	_____
		_____
die Geographie	geographisch	der Geograph
		die Geographin
die Philosophie	_____	_____

⇒ Komparativ und Superlativ

	POSITIV	KOMPARATIV	SUPERLATIV
Grundregel	billig	billig**er**	**am** billig**sten** **der / die / das** billig**ste**
einsilbige Adjektive / Adverbien mit a, o, u	lang	länger	am längsten der / die / das längste
Adjektive / Adverbien auf -d, -s, -t oder -z	interessant	interessanter	am interessant**e**sten der / die / das interessant**e**ste
Adjektive / Adverbien auf -el oder -er	teuer	teurer	am teuersten der / die / das teuerste

 ## Unregelmäßige Steigerungsformen

Haben Sie kein **größeres** Modell? – Nein, das ist **das größte** .
Ist dieses Modell **besser als** das andere? – Ja, und es ist **billiger** .
Wo können wir **am billigsten** produzieren?
Welches der beiden Modelle gefällt Ihnen **am besten** ?

gern	lieber	am liebsten / der liebste
groß	größer	am größten / der größte
gut	besser	am besten / der beste
hoch	höher	am höchsten / der höchste
nah	näher	am nächsten / der nächste
viel	mehr	am meisten / der meiste

3 **Unterstreichen Sie in den folgenden beiden Werbetexten sowie im Text von Aufgabe 1 alle Komparativ- und Superlativformen.**

A
Unsere Flotte gehört zu den modernsten der Welt. Die neuen Airbus A320, Boeing B737-300 und B747-400 der Lufthansa sind nicht nur komfortabler und leiser, sondern auch zuverlässiger und umweltfreundlicher.
Lassen Sie sich vom Lufthansa-Service verwöhnen. Willkommen an Bord.

B
Jetzt können Sie mit uns nicht mehr in den „fernen" Osten fliegen, dafür aber zu 14 Zielen im „nahen" Asien. Denn Asien und Europa sind immer enger zusammengerückt. Mit dem modernsten Großraumflugzeug Boeing B747-400 bietet die Lufthansa interessante Nonstop-Verbindungen, wie sie früher nicht möglich waren. Lassen Sie sich verwöhnen auf den kürzer gewordenen Lufthansa-Flügen in Richtung Osten. Wir freuen uns auf Sie an Bord.

 Lufthansa

Ergänzen Sie mit den Komparativ- oder Superlativformen.

1. (gut) Wie komme ich _____ zu Ihnen?

2. (langsam) Fahren Sie bitte etwas _____!

3. (schnell) Können Sie nicht _____ liefern?

4. (billig) Haben Sie keinen _____ Computer?

5. (neu) Kennen Sie schon unser _____ Modell?

6. (zuverlässig) Wir suchen einen _____ Lieferanten.

7. (genau) Wir benötigen eine _____ Liste.

8. (günstig) Gibt es keinen _____ Flugtarif?

9. (weit) Die Post befindet sich eine Straße _____.

10. (einfach) Dies ist unser _____ Tischkopierer.

11. (wirtschaftlich) Das Modell A ist _____ als alle anderen.

12. (umweltfreundlich) Dieses Flugzeug ist viel _____.

13. (komfortabel / leise) Heute sind die Omnibusse _____ und _____ als früher.

14. (viel / wenig) Die _____ Firmen investieren in diesem Jahr _____ als im Vorjahr.

15. (modern) Wir suchen eine _____ Anlage.

16. (klein) Ich stelle Ihnen den _____ Fotoapparat der Welt vor.

17. (lang) Die Konferenz soll nicht _____ als zwei Stunden dauern.

18. (interessant) Auf dieser Messe haben Sie die _____ Kontakte.

19. (leistungsfähig) Nennen Sie uns bitte die zehn _____ Firmen.

20. (praktisch) Dieses Modell ist am _____.

Fragen Sie und antworten Sie.

Beispiel: △ *Haben Sie kein größeres Modell?*
　　　　　　● *Nein, dies ist das größte.*

1. Haben Sie keinen schnelleren Wagen?
2. Haben Sie keine leisere Maschine?
3. Haben Sie keinen genaueren Plan?
4. Haben Sie keinen billigeren Computer?
5. Haben Sie keine bessere Qualität?
6. Haben Sie kein günstigeres Auto?
7. Haben Sie keine bessere Verbindung?
8. Haben Sie kein ruhigeres Zimmer?
9. Haben Sie kein umweltfreundlicheres Material?
10. Haben Sie keinen längeren Tisch?

6 **Hören Sie und antworten Sie.**

Beispiel: △   *Dieses System ist sehr leistungsfähig.*
           ●   *Haben Sie kein leistungsfähigeres?*

                △   *Dieser Tischkopierer ist sehr einfach.*
           ●   *Haben Sie …?*

Positiv und Komparativ

(eben)so + Positiv + wie	Der Umsatz ist **(eben)so** hoch **wie** im Vorjahr.
	Der Umsatz ist nicht **so** hoch **wie** im Vorjahr.
Komparativ + als	Der Umsatz ist höher **als** im Vorjahr.
	Der Umsatz ist nicht höher **als** im Vorjahr.

7 **Vergleichen Sie die Tischkopierer aus Lektion 5, Aufgabe 14. Diskutieren Sie, welches Modell besser ist.**

Beispiel: △   *Der X15 ist genauso gut wie der PC-22. Er macht sogar zwei Kopien mehr pro Minute als der PC-22.*
           ●   *Ja, aber der PC-22 ist nicht so schwer wie der X15. Außerdem kostet das Gerät 364 DM weniger.*
           △   *Vielleicht. Aber der Preis pro Kopie ist beim X15 am niedrigsten.*

Werbekampagne

△ Wenn ich Sie richtig verstanden habe, soll die Werbekampagne gleichzeitig auch in Österreich und in der Schweiz starten?

● Ja, genau. Und wichtig ist vor allem, dass auch dort neben den kleinen und mittleren Unternehmen die Freiberufler angesprochen werden. Bei denen können wir wahrscheinlich die höchsten Zuwachsraten erzielen.

△ Da müssen wir neben den Publikumszeitschriften natürlich ganz stark die Fachpresse einbeziehen. Nicht nur mit Anzeigenserien, sondern auch mit redaktioneller Werbung. Da lässt sich einiges machen.

● Brauchen Sie noch weitere Unterlagen von uns?

△ Nein, im Moment nicht. Wir schicken Ihnen in der nächsten Woche ein detailliertes Gesamtkonzept und einige Rohentwürfe für die Anzeigen zu. So wie ich die Sache im Moment sehe, sollten wir die einfache Bedienung und die vielseitigen Einsatzmöglichkeiten in den Vordergrund stellen.

● Glauben Sie nicht, dass gerade für unser Zielpublikum auch der Preis ein ausschlaggebendes Argument ist?

△ Der Preis ist selbstverständlich ein wichtiger Faktor. Aber Benutzerfreundlichkeit und ein breites Anwendungsspektrum sind für eine professionelle Nutzung vielleicht noch entscheidender.

● Also, wenn Sie meinen …

8 Um welches Produkt könnte es sich im vorangehenden Text handeln? Kreuzen Sie alle möglichen Produkte an.

☐ Bürosessel   ☐ Personenwagen

☐ Tischkopierer   ☐ Taschenrechner

☐ Schreibmaschine   ☐ Computer

9 Suchen Sie im Wörterbuch die Entsprechungen in Ihrer Muttersprache und schreiben Sie sie daneben.

die Werbeabteilung _____

die Werbeagentur _____

die Werbeanzeige _____

der Werbeberater _____

das Werbebudget _____

der Werbeetat _____

der Werbefachmann _____

der Werbefilm _____

die Werbekampagne _____

das Werbematerial _____

der Werbeslogan _____

der Werbespot _____

der Werbetext _____

der Werbeträger _____

10 Welches Verb passt zu welchem Ausdruck?

1. sich nach den Anzeigentarifen _____

2. einen Gewinn _____

3. mit einer Werbeagentur _____

4. die neuen Modelle _____

5. die Fachpresse _____

6. den Umsatz _____

7. eine Anzeigenkampagne _____

8. über ein Produkt _____

9. sich an einer Werbekampagne _____

10. das Zielpublikum _____

beteiligen
starten
einbeziehen
zusammen/arbeiten
steigern
erkundigen
informieren
erzielen
entwerfen
an/sprechen

Bilden Sie Mini-Dialoge entsprechend dem Beispiel.

Beispiel: △ *Wenn ich Sie richtig verstanden habe, soll die Werbekampagne gleichzeitig auch in Öster-*
                reich und in der Schweiz starten?
            ● *Ja, und wichtig ist vor allem, dass auch dort die Freiberufler angesprochen werden.*

1. Wenn ich Sie richtig verstanden habe, _____

_____ (die Fachpresse / einbeziehen / Sie / wollen)

  Ja, und wichtig ist vor allem, _____

_____ (die redaktionelle Werbung / stark / eingesetzt werden)

2. Wenn ich Sie richtig verstanden habe, _____

_____ (in der nächsten Woche / die Rohentwürfe / wir / erhalten)

  Ja, und wichtig ist vor allem, _____

_____ (die Werbekampagne / sobald wie möglich / wir / starten)

3. Wenn ich Sie richtig verstanden habe, _____

_____ (die einfache Bedienung / ein wichtiges Werbeargument / sein)

  Ja, und wichtig ist vor allem, _____

_____ (die vielseitigen Einsatzmöglichkeiten / wir / zeigen)

Präpositionen mit Dativ

Er kommt **aus der Schweiz** .
Arbeiten Sie noch **bei der Firma Peterson** ?
Er spricht **mit dem neuen Kollegen** .
Kommen Sie **nach der Konferenz** !
Er arbeitet hier **seit einem Monat** .
Von wem wissen Sie das?
Wir fahren **zum Messebüro** .

aus, bei, mit, nach, seit, von, zu + DATIV

Präpositionen mit Akkusativ

Durch systematische Planung ist die Produktion billiger geworden.
Wir brauchen mehr Zeit **für die Herstellung** der Maschinen.
Der Vorstand war **gegen neue Investitionen** .
Das geht nicht **ohne neue Mitarbeiter** .
Wer kümmert sich **um die Terminplanung** ?

durch, für, gegen, ohne, um + AKKUSATIV

12 **Ergänzen Sie.**

1. Mit d___ Werbung haben wir keine Probleme.
2. Diese Bestellung kommt aus d___ Schweiz.
3. Wir schicken Entwürfe für d___ Anzeigen.
4. Ohne ein___ Spezialisten ist das schwierig.
5. Seit dies___ Werbekampagne ist der Umsatz gestiegen.
6. Das gehört nicht zu sein___ Aufgaben.
7. Was können wir gegen d___ Konkurrenz machen?
8. Bei welch___ Firma arbeiten Sie?
9. Das ist entscheidend für uns___ Projekt.
10. Er ist durch d___ Werbung bekannt geworden.

13 **Ergänzen Sie.**

| mit | ohne | um | für | zu | seit |

1. Diese Zeitung arbeitet _____ redaktionell___ Werbung, aber _____ ein___ groß___ Anzeigen-teil.
2. Die Werbekampagne läuft _____ ein___ Woche.
3. Es handelt sich _____ d___ billigst___ Flugtarif.
4. Das ist besonders wichtig _____ unser___ Zielpublikum.
5. Er hat _____ groß___ amerikanisch___ Firmen zusammengearbeitet.
6. Er fährt jeden Monat _____ sein___ viel___ österreichisch___ Kunden.
7. Brauchen Sie noch Fotos _____ Ihr___ neu___ Katalog?
8. Er arbeitet dort _____ d___ letzt___ Monat.

Wann?

um	zehn Uhr
am	Morgen, Vormittag, Nachmittag, Abend (aber: in der Nacht) Montag, Dienstag, … Montag, dem (den) 12. März nächsten / letzten Montag
in	der nächsten / letzten Woche
im	nächsten / letzten Monat Januar, Februar, … Frühling, Sommer, Herbst, Winter nächsten / letzten Jahr Jahre 1995 Moment
zu zur	einem (späteren) Zeitpunkt Zeit

Feiertage

zu / an	Neujahr (1.1.)
zu / an	Ostern
am	1. Mai
zu / an	(Christi) Himmelfahrt
zu / an	Pfingsten
zu / an	Fronleichnam
am	Tag der Einheit (3.10.)
zu / an	Allerheiligen (1.11.)
am	Buß- und Bettag
zu / an	Weihnachten (25. und 26.12.)

Ergänzen Sie.   **14**

1. Wir liefern   Freitag,   13. November.
2. Wir starten die Werbekampagne   Herbst.
3.   Zeit ist die Werbung für uns besonders wichtig.
4. Ich habe einen Termin   halb fünf.
5. Können wir uns   Vormittag treffen?
6.   letzten Jahr ist der Umsatz gestiegen.
7. Sprechen Sie   Mittwoch mit dem neuen Kollegen!
8.   Jahre 1994 war die Firma auf drei Messen.
9.   nächsten Monat wollen wir auch die redaktionelle Werbung einsetzen.
10.   Weihnachten war ich ein paar Tage in Österreich.
11.   Ostern und   1. Mai hatten wir Besuch aus den USA.
12. Ich glaube, er kommt   Abend oder   der Nacht an.

Ersetzen Sie jeweils ein Satzelement durch die Angaben auf der Kassette. Verwenden Sie die richtige Präposition.   **15**

Beispiel: *Am Donnerstag spiele ich Tennis.*
               Juli
               Im Juli spiele ich Tennis.
               …

Welche Feiertage aus der vorstehenden Tabelle werden auch in Ihrem Land gefeiert? Fragen Sie andere Kursteilnehmer, was sie an diesen Tagen machen.   **16**

17 Lesen Sie die Werbeanzeigen und die unten stehende Tabelle. Kreuzen Sie anschließend an, was Ihrer Meinung nach zutrifft.

NOKIA 2110

Zugegeben, von der großen Liebe kann hier nicht die Rede sein – dazu ist das Nokia 2110 Handy schlicht ••• *zu klein. Aber Sie werden staunen, was für ein verbindliches Wesen dieses winzige Telefon hat. Europaweit steht es Ihnen zur Seite und verwöhnt Sie, wo es nur kann. Schon ein Blick auf sein schönes, großes Display genügt, und Sie werden sich auf Anhieb hervorragend mit ihm verstehen. Möchten Sie das Kleine mit den Traummaßen einmal kennenlernen? Ihr Nokia-Fachhändler stellt es* ••• *Ihnen gerne vor.*

Sie werden jedes seiner 199 Gramm lieben.

NOKIA
CONNECTING PEOPLE

	NOKIA	AEG	ERICSSON
Das Produkt steht im Mittelpunkt der Anzeige.			
Der Slogan ist sehr kurz.			
Die Anzeige assoziiert Dinge, die mit dem Produkt selbst nichts zu tun haben.			
Ich finde diese Anzeige:			
– lustig			
– originell			
– langweilig			
– gut gemacht			

Handy am Stiel.

NATÜRLICH

KLINGT GUT.

Perfekte Kommunikation mit einem Handy wird im wesentlichen von drei Kriterien geprägt: natürlicher Klang, geringes Gewicht und hohe Effizienz. Nehmen Sie zum Beispiel das Ericsson GH 198.

Der Lautsprecher wurde von Hi-Fi-Experten entwickelt. So überträgt es durch eine spezielle Technik natürlich selbst in geräuschvoller Umgebung. Und das bei einem Gewicht von 335 Gramm. Mit 3 Stunden Sprechzeit (oder 30 Stunden Bereitschaft) bietet es genügend Leistung.

Um seine Effektivität zu verdeutlichen, teilen Sie einfach die Sprechzeit durch das Gewicht. Jetzt erhalten Sie die Größe, die wir als Sprechzeit-

Effektivität (TTE) bezeichnen. Je größer die Zahl umso effektiver das Handy. Für das mit dem Standard-Akku ausgerüstete GH 198 ergibt das 0,5 min/g. Außerdem können Sie mit dem GH 198 abhängig vom Netz, kurze Nachrichten bis zu 160 Zeichen empfangen (SMS/MT).

Unser Handy GH 198 gibt es im Funkfachhandel, in vielen Waren- und Versandhäusern sowie im Elektro- und Fotofachhandel. Vergleichen Sie dort das GH 198 ruhig mal mit anderen Handys.

MOBILE PHONES BY **ERICSSON**

Welcher Werbeslogan gehört zu welchem Bild?

A **Zur großen Linie gehört Liebe zum Detail.**

B **Gutes Bordklima ist nicht nur eine Frage der Technik.**

C **Der schnellste Weg nach Hause.**

D **Das größte Interesse an einem günstigen Flugplan haben oft die, die gar nicht fliegen.**

1

2

3

4

1	2	3	4

19 Hören Sie die Werbespots. Für welche Produkte wird geworben? Machen Sie für jeden Werbespot ein Kreuz in die entsprechende Spalte.

	Getränke	Kosmetik-artikel	Wasch-mittel	Presse
Text Nr. 1				
Text Nr. 2				
Text Nr. 3				
Text Nr. 4				
Text Nr. 5				
Text Nr. 6				

20 Hören Sie nochmals jeweils einen der Werbespots aus Aufgabe 19 und schreiben Sie die passenden Wörter und Ausdrücke aus dem Schüttelkasten in die entsprechenden Zeilen.

Text Nr. 1 _____

Text Nr. 2 _____

Text Nr. 3 _____

Text Nr. 4 _____

Text Nr. 5 _____

Text Nr. 6 _____

umweltverträglich alles Wichtige
Quelle
süffig und rund mikrofein
feinherb frisch
alkoholfrei
seinen Preis wert
gesund total sauber
informieren

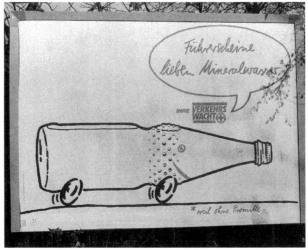

Produktvorstellung

△ So, Herr Friedmann, jetzt kennen Sie unser neues Modell etwas genauer. Wir möchten, dass in dem Video-Clip die zukunftsorientierte Technologie und das sportliche Fahrkonzept hervorgehoben werden.

● Und das ganze soll vier Minuten dauern, sagten Sie?

△ Ja, und außerdem brauchen wir ein Beiheft, nicht allzu umfangreich.

● Sollen wir auf die 240 km/h Höchstgeschwindigkeit eingehen oder mehr auf die Beschleunigung?

△ Lieber auf die Beschleunigung. Mit sieben Sekunden liegen wir in dieser Preisklasse weit vor der Konkurrenz.

● Und dann natürlich der 6-Zylinder-Motor, nicht wahr?

△ Ja, sicher. Und nicht zu vergessen, die umfassende serienmäßige Ausstattung: geregelter Drei-Wege-Katalysator, Zentralverriegelung mit integrierter Alarmanlage, Anti-Blockier-System, elektrisches Schiebedach, Stereoanlage.

● Ich nehme an, dass wir hauptsächlich Außenaufnahmen machen. Haben Sie da besondere Wünsche?

△ Lassen Sie sich was Schönes einfallen! Unsere Image-Politik ist Ihnen ja bestens bekannt.

gern / lieber / am liebsten

> Sie arbeitet **gern** am Computer.
> Er spielt **lieber** Golf als Tennis.
> Er kennt Berlin, München und Hamburg. **Am liebsten** ist er in Berlin.

21 „gern" oder „lieber"? Ergänzen Sie.

1. Spielen Sie gern Tennis? – Nein, _____ Golf.

2. Fahren Sie schnelle Autos? – Nein, nicht sehr_____.

3. Möchten Sie eine Tasse Kaffee? – Ja, _____.

4. Trinken Sie einen Rotwein oder einen Weißwein? – _____ einen Weißwein.

5. Empfehlen Sie mir dafür das Format DIN A4 oder A3 ? – _____ DIN A3.

6. Kann ich ihn am Vormittag treffen? – Kommen Sie _____ gegen 14.00 Uhr.

7. Wie ist Ihr Kontakt zu Frau Müller? – Ich arbeite _____ mit ihr zusammen.

8. Sollen wir von der Ausstattung sprechen? – Nein, ich möchte _____ auf die Technologie eingehen.

9. Soll der Film in Farbe sein? – Nein, _____ in Schwarz-Weiß.

10. Rufen Sie mich morgen an? – Ja, sehr_____.

22 Was machen Sie am Wochenende am liebsten? Wählen Sie zwei oder drei Möglichkeiten. Antworten Sie in kompletten Sätzen.

 Golf spielen

 lesen

 aufs Land fahren

 Tennis spielen

 fernsehen

 sich ausruhen

 schwimmen

 Freunde treffen

 spazieren gehen

 Rad fahren

 im Garten arbeiten

23 Verabreden Sie sich zu einer Freizeitaktivität am Wochenende. Bieten Sie verschiedene Möglichkeiten an, bzw. sagen Sie, was Sie gern oder lieber machen möchten.

Was bedeuten die Abkürzungen? Ergänzen Sie die nachstehende Liste anhand des Textes. (Lassen Sie das „n" bei den Wörtern im Dativ Plural weg.)

	Boeing 747-200B	Airbus A310-300
Passagiersitze nach First, Business und Economy Class	35/108/212	16/52/103
Länge in Metern	70,51	46,67
Höhe in Metern	19,33	15,81
Kabinenbreite in Metern	6,13	5,40
Frachtraum in Kubikmetern	129	69
Leergewicht in Kilogramm	156 300	75 300
Reisegeschwindigkeit in km/h	910	860
Max. Reichweite in Kilometern	10 800	7 500
Treibstoffverbrauch in Litern/h	15 500	5 800

	Abkürzung	Maßeinheit
Geschwindigkeit	km/h	*Stundenkilometer*
Länge	m	_____
Verbrauch	l	_____
Gewicht	kg	_____
Breite	m	_____
Frachtraum	m³	_____
Reichweite	km	_____
Höhe	m	_____

Für die Boeing 747-200 B sind die tabellarischen Angaben aus Aufgabe 24 nun in vollständigen Sätzen wiedergegeben. Beschreiben Sie in der gleichen Weise den Airbus A 310-300.

Boeing 747-200 B
Die Boeing ist 70 Meter lang, 19 Meter hoch und 156 300 kg schwer.
Die Kabine ist 6 Meter breit; der Frachtraum ist 129 Kubikmeter groß.
Sie hat 35 Sitze in der First Class, 108 Sitze in der Business Class und 212 Sitze in der Economy Class.
Ihre Reisegeschwindigkeit beträgt 910 Stundenkilometer.
Ihre maximale Reichweite beträgt 10 800 Kilometer.
Sie verbraucht 15 500 Liter Treibstoff pro Stunde.

6B

Maßeinheiten

mm	Millimeter	mm²	Quadratmillimeter	mm³	Kubikmillimeter
cm	Zentimeter	cm²	Quadratzentimeter	cm³	Kubikzentimeter
m	Meter	m²	Quadratmeter	m³	Kubikmeter
km	Kilometer	km²	Quadratkilometer		
mg	Milligramm	ml	Milliliter		
g	Gramm	cl	Zentiliter		
kg	Kilogramm	l	Liter		
t	Tonne	hl	Hektoliter		

26 **Nennen Sie die Ausmaße der Kisten.**

Beispiel: Die Kiste ist einen Meter 60 lang, 40 Zentimeter breit und 35 Zentimeter hoch.

Kisten		
Länge	Breite	Höhe
1,60 m	0,40 m	0,35 m
0,70 m	0,50 m	0,30 m
1,10 m	1,00 m	0,50 m
0,90 m	0,85 m	0,60 m

27 **Nennen Sie die Ausmaße der Räume.**

Beispiel: Der Raum ist 10 Meter 50 lang, 7 Meter breit und 3 Meter 20 hoch.

Räume		
Länge	Breite	Höhe
10,50 m	7,00 m	3,20 m
4,00 m	3,00 m	2,60 m
7,20 m	4,50 m	3,10 m
6,50 m	5,25 m	2,95 m

28 **Hören Sie und schreiben Sie die Zahlen in Ziffern. Benutzen Sie für die Maßeinheiten die Abkürzungen.**

– 300 t,   – _____

– _____   – _____

– _____   – _____

– _____   – _____

– _____   – _____

– _____   – _____

– _____   – _____

Substantive auf „-heit" und -„keit"

Mit den Endungen „-heit" und „-keit" kann man Substantive von Adjektiven ableiten. Bilden Sie **29**
Substantive auf „-heit" bzw. „-keit" und schreiben Sie die Entsprechungen in Ihrer Muttersprache daneben.

	„-heit"	Muttersprache
einfach	*die Einfachheit*	
neu		
sicher		

	„-keit"	Muttersprache
schwierig	*die Schwierigkeit*	
zuverlässig		
langsam		
wirtschaftlich		

In der folgenden Abbildung fehlt zweimal dasselbe Substantiv aus der vorstehenden Liste. **30**
Welches?

Worauf Sie bei der Anschaffung neuer Arbeitsmittel wie Bildschirmgeräte, Portable Personal Computer und Laptops achten müssen ...

Das Zeichen für geprüfte [   ]
auf Bildschirmgeräten

A·VW
7016/84
BERUFSGENOSSENSCHAFT
GS
geprüfte

31 In den folgenden beiden Texten werden zur Beschreibung von Standortvorteilen viele Adjektive bzw. Adverbien verwendet. Schreiben Sie neben die Substantive bzw. Ausdrücke die passenden Adjektive bzw. Adverbien aus den Texten. Arbeiten Sie mit dem Wörterbuch.

die Ökologie	_____	zeigt die Zukunft	_____
die Innovation	_____	in Citynähe	_____
die Intelligenz	_____	im gesamten Bundesgebiet	_____
die Dynamik	_____	gern experimentieren	_____
die Attraktivität	_____	spart Energie	_____
die Modernität	_____	hat Erfolg	_____
die Neuheit	_____	von hohem Wert	_____
	_____	ist einzig in seiner Art	_____
das Optimum	_____	existiert nur einmal	_____

"DUISBURG IST EXPERIMENTIERFREUDIG... HIER IST NOCH RAUM FÜR UNKONVENTIONELLE IDEEN."

Standpunkt von Norman Foster, britischer Star-Architekt, z.B. Hongkong-Shanghai-Bank.

Norman Foster muß es wissen. Schließlich ist er der Architekt des neuen Technologie-Parks in Duisburg – einer in gestalterischer und technologischer Hinsicht einzigartigen Herausforderung. Denn die Integration des HighTech-Parks mit der bestehenden Infrastruktur eines citynahen Wohngebietes ist in dieser Form bundesweit einmalig. Die Harmonisierung von Arbeit und Leben wird Wirklichkeit.

Auch bei der Realisation dieses zukunftsweisenden Projektes werden neue Maßstäbe gesetzt – mit einer intelligenten Klimahülle, die auf wechselnde Licht- und Temperatureinflüsse ökologisch-energiesparend reagiert.

Bewohner dieses innovativen Technologie-Parks werden primär Mikroelektronik-Unternehmen sein – auch solche, die ihre Gründungsphase im benachbarten Technologiezentrum "ausgebrütet" haben. Dieses Projekt ist mehr als nur eine städtebauliche Dominante; es ist ein nicht zu übersehendes Zeichen für die hier vorherrschende Aufbruchstimmung.

Mehr über Duisburg, den Standort Ihrer Zukunft, erfahren Sie bei unserer Gesellschaft für Wirtschaftsförderung Duisburg GmbH, Mülheimer Str. 100, D-47057 Duisburg Tel. (0203) 99 38 0, Fax (0203) 9 93 81 38

DUISBURG AM R
IM HERZEN EURO

L I N Z / A U S T R I A
WIRTSCHAFTSSTANDORT DER ZUKUNFT

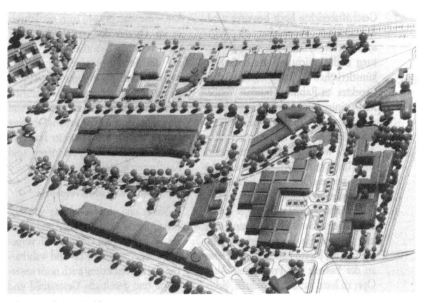

Industriepark Linz-Pichling

Hervorragende Einstiegschancen für Unternehmen bietet der dynamische Wirtschaftsstandort Linz.

Wirtschaftswachstum, Qualifikation der Arbeitskräfte, Wissenschaft und Forschung werden höchsten internationalen Standards gerecht.

Das österreichische Wirtschaftszentrum an der Schnittstelle zwischen Wien, München, Prag und Mailand schafft hochwertigen Raum für die Wirtschaft.

Im INDUSTRIEPARK LINZ-PICHLING steht in neuartiger Konzeption eine Fläche von insgesamt 1 Mio. m² mit attraktiver Lage und optimaler Verkehrserschließung ab sofort zur Verfügung.

Die umfassende Strukturplanung eröffnet eine zukunftsweisende Bebauungsform mit höchstmöglicher Flexibilität und Individualität.

Einer der größten und modernsten Industrieparks Mitteleuropas lädt innovative Klein- und Mittelbetriebe sowie Großinvestoren zur erfolgreichen Entfaltung unternehmerischer Aktivitäten ein.

Sprechen Sie mit uns, wir beraten Sie gerne!

AMT FÜR WIRTSCHAFT UND BETRIEBSANSIEDLUNG
Neues Rathaus, Hauptstraße 1-5, A-4041 Linz, Tel.: (732) 23 93 / 23 10
Telefax (732) 237465, Telex 2 29330 Malnr A

6C

du, ihr und Sie

Können **Sie** nicht besser aufpassen?

Hast **du** heute Abend Zeit?

Sie kennen wahrscheinlich das Problem.

Kommt **ihr** mit ins Kino?

Was sagt man wann?

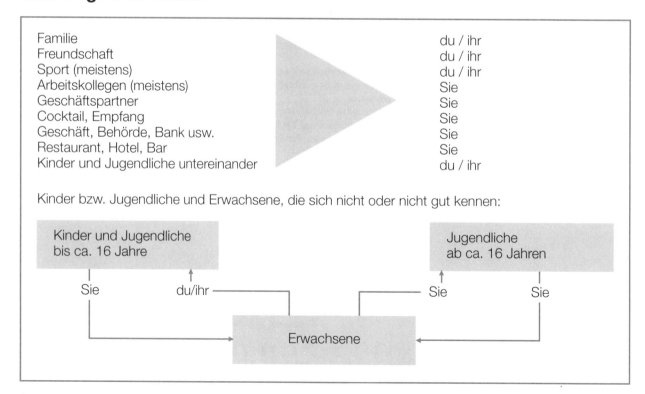

Familie	du / ihr
Freundschaft	du / ihr
Sport (meistens)	du / ihr
Arbeitskollegen (meistens)	Sie
Geschäftspartner	Sie
Cocktail, Empfang	Sie
Geschäft, Behörde, Bank usw.	Sie
Restaurant, Hotel, Bar	Sie
Kinder und Jugendliche untereinander	du / ihr

Kinder bzw. Jugendliche und Erwachsene, die sich nicht oder nicht gut kennen:

Kinder und Jugendliche bis ca. 16 Jahre

Jugendliche ab ca. 16 Jahren

Sie   du/ihr   Sie   Sie

Erwachsene

„du" oder „Sie"?

_____   _____   _____   _____

„ihr" oder „Sie"?

_____   _____   _____   _____

Konjugation

Ich gehe
du gehst
er geht
sie geht
es geht.

Geht es?

Danke – es geht.

Rudolf Steinmetz

Wie ist das in Ihrem Land? Wann duzt man sich? Wann sagt man „Sie"?

33

6C

⇒ **Konjugation Präsens (4): du/ihr**

	INFINITIV	SINGULAR	PLURAL
regelmäßige Verben	fragen	du frag**st**	ihr frag**t**
Verbstamm auf -d oder -t, Konsonant + n	leiten rechnen	du leit**est** du rechn**est**	ihr leit**et** ihr rechn**et**
Verben mit Vokalwechsel	geben	du gib**st**	ihr geb**t**
unregelmäßige Verben	haben sein werden dürfen wissen	du ha**st** du bi**st** du wir**st** du darf**st** du wei**ßt**	ihr hab**t** ihr sei**d** ihr werd**et** ihr dürf**t** ihr wiss**t**
reflexive Verben	sich erkundigen	du erkundigst **dich**	ihr erkundigt **euch**

34 **Konjugieren Sie.**

Beispiel: *können*   *du kannst*   *ihr könnt*

arbeiten	du _____	ihr _____
bitten	du _____	ihr _____
antworten	du _____	ihr _____
lesen	du _____	ihr _____
wissen	du _____	ihr _____
fahren	du _____	ihr _____
sehen	du _____	ihr _____
treffen	du _____	ihr _____
schreiben	du _____	ihr _____
notieren	du _____	ihr _____
müssen	du _____	ihr _____
sollen	du _____	ihr _____
fragen	du _____	ihr _____
kennen	du _____	ihr _____

35 **Hören Sie und antworten Sie.**

Beispiele: a. △ *Ich will nach Hamburg fahren.*   b. △ *Wir wollen nach Hamburg fahren.*
           ● *Warum willst du denn nach*   ● *Warum wollt ihr denn nach Hamburg fahren?*
             Hamburg fahren?

△ Ich lerne jetzt Französisch.
● Warum …

Deklination der Personalpronomen

NOMINATIV	AKKUSATIV	DATIV
du	dich	dir
ihr	euch	euch

für sorge

ich für mich
du für dich
er für sich
wir für uns
ihr für euch

jeder für sich

Burckhard Garbe

Ergänzen Sie. **36**

1. Hallo Peter, wie geht's _____?
2. Hallo Sabine, hallo Klaus, wie geht's _____?
3. Könnt _____ um 5.00 Uhr kommen?
4. Seid _____ gestern Abend gut nach Hause gekommen?
5. Warum wendest _____ nicht an deinen Chef?
6. _____ kannst _____ bei der Handelskammer informieren.
7. Ich bin sicher, dass _____ das nicht wisst.
8. Ihr kennt _____ hier nicht so gut aus.
9. _____ könnt _____ bei der Fertigungsabteilung erkundigen.
10. Sag mir doch, wann _____ anrufen kannst!

Possessivpronomen

	SINGULAR			PLURAL
	Maskulinum	Femininum	Neutrum	
du	dein neuer Chef	deine neue Firma	dein neues Modell	deine neuen Geräte
ihr	euer neuer Chef	eure neue Firma	euer neues Modell	eure neuen Geräte

Ergänzen Sie. **37**

1. Da musst du dein ___ neu ___ Chef fragen.
2. Haben wir eu___ genau ___ Adresse?
3. Dein österreichisch ___ Freund hat mir diese Firma genannt.
4. Habt ihr eu___ alt ___ Auto noch?
5. Er ist eu___ erst ___ Kunde.
6. Gestern habe ich dein ___ neu ___ Sekretärin getroffen.
7. Ihr habt eu___ klein ___ Unternehmen gut entwickelt.
8. Ist das dein___ neu ___ Werbeagentur?
9. Um wie viel Uhr hast du dein ___ wichtig ___ Termin?
10. Hast du noch dein ___ gut ___ Kontakte zu Siemens?

6C

38 Der Text aus Aufgabe 39 enthält die folgenden Wörter. Notieren Sie die Entsprechungen in Ihrer Muttersprache. Arbeiten Sie mit dem Wörterbuch.

der Verkäufer		der Freund	
der Elch		heutzutage	
die Geschichte		die Luft	
das Sprichwort		bestimmt	
die Gasmaske		wahnsinnig	
tüchtig		schweizerisch	
die Fabrik		schwedisch	
giftig		sagt – sagen	
Abgase (Pl.)		erzählen	
der Schornstein		war – sein	
berühmt		stiegen – steigen	
die Höflichkeitsform		kam – kommen	
der Norden		brauchen	
der Wald		es gab – es gibt	
das Glück		konnte – können	
die Qualitätsware		ging – gehen	
lustig		wohnten – wohnen	
spät		gedacht – denken	
der Zahnarzt		begann – beginnen	
die Zahnbürste		bauen	
der Bäcker		warten	
das Brot		traf – treffen	
der Blinde		fragten – fragen	
der Fernsehapparat		verwechselt – ver-	
übrigens		wechseln	

Bringen Sie die Textabschnitte in die richtige Reihenfolge.

Der Verkäufer und der Elch

Eine Geschichte mit 128 deutschen Wörtern. Von Franz Hohler.

Kennen Sie das Sprichwort „Dem Elch eine Gasmaske verkaufen"? Das sagt man bei uns von jemandem, der sehr tüchtig ist, und ich möchte jetzt erzählen, wie es zu diesem Sprichwort gekommen ist.

a | Als die Fabrik fertig war, stiegen so viel giftige Abgase aus dem Schornstein, dass der Elch bald zum Verkäufer kam und zu ihm sagte: „Jetzt brauche ich eine Gasmaske."

b | „Gasmasken", sagte der Verkäufer.

c | Es gab einmal einen Verkäufer, der war dafür berühmt, dass er allen alles verkaufen konnte.

d | „Es tut mir Leid", sagte der Elch, „aber ich brauche keine."

e | „Die anderen Elche", sagte der Elch, „brauchen jetzt auch Gasmasken. Hast du noch mehr?" (Elche kennen die Höflichkeitsform mit „Sie" nicht)

f | Da ging der Verkäufer so weit nach Norden, bis er in einen Wald kam, in dem nur Elche wohnten.

g | „Da habt ihr Glück", sagte der Verkäufer, „ich habe noch Tausende."

h | „Das habe ich gedacht", sagte der Verkäufer und verkaufte ihm sofort eine. „Qualitätsware!", sagte er lustig.

i | Und wenig später begann er mitten in dem Wald, in dem nur Elche wohnten, eine Fabrik zu bauen.

j | Er hatte schon einem Zahnarzt eine Zahnbürste verkauft, einem Bäcker ein Brot und einem Blinden einen Fernsehapparat.

k | „Nein", sagte er, „ich will nur dem Elch eine Gasmaske verkaufen."

l | „Übrigens", sagte der Elch, „was machst du in deiner Fabrik?"

m | „Ein wirklich guter Verkäufer bist du aber erst", sagten seine Freunde zu ihm, „wenn du einem Elch eine Gasmaske verkaufst."

n | „Warten Sie nur", sagte der Verkäufer, „Sie brauchen schon noch eine."

o | „Alle haben heutzutage eine Gasmaske", sagte der Verkäufer.

p | „Wozu?", fragte der Elch. „Die Luft ist gut hier."

q | „Guten Tag", sagte er zum ersten Elch, den er traf, „Sie brauchen bestimmt eine Gasmaske."

r | „Bist du wahnsinnig?", fragten seine Freunde.

P.S. Ich weiß doch nicht genau, ob es ein schweizerisches oder ein schwedisches Sprichwort ist, aber die beiden Länder werden ja oft verwechselt.

Präteritum (1)

	dürfen	können	müssen	sollen	wollen	haben	werden	sein
ich	durf t e	konn t e	muss t e	soll t e	woll t e	ha tt e	w u rde	w a r
wir	durf t en	konn t en	muss t en	soll t en	woll t en	ha tt en	w u rden	w a ren
du	durf t est	konn t est	muss t est	soll t est	woll t est	ha tt est	w u rdest	w a rst
ihr	durf t et	konn t et	muss t et	soll t et	woll t et	ha tt et	w u rdet	w a rt
Sie	durf t en	konn t en	muss t en	soll t en	woll t en	ha tt en	w u rden	w a ren
er sie (Sg.) es	durf t e	konn t e	muss t e	soll t e	woll t e	ha tt e	w u rde	w a r
sie (Pl.)	durf t en	konn t en	muss t en	soll t en	woll t en	ha tt en	w u rden	w a ren

40 **Ergänzen Sie im Präteritum.**

1. Der Elch _____ (haben) eine Gasmaske

2. Das _____ (können) Sie nicht wissen.

3. Wir _____ (wollen) Sie nicht stören.

4. _____ (können) du die Artikel nicht teurer verkaufen?

5. Warum _____ (sein) ihr nicht auf der Messe?

6. _____ (dürfen) Sie die Maschinen nicht ausführen?

7. Wir _____ (müssen) billigere Teile kaufen.

8. _____ (sollen) er nicht gestern vorbeikommen?

9. Der Elch _____ (wollen) keine Gasmaske kaufen.

10. _____ (haben) ihr große Probleme?

Präteritum (2)

| | regelmäßige Verben | Verben mit Verbstamm auf | |
		-d oder -t	Konsonant + n
INFINITIV	fragen	antworten	rechnen
ich	frag **t** e	antwort **et** e	rechn **et** e
wir	frag **t** en	antwort **et** en	rechn **et** en
du	frag **t** est	antwort **et** est	rechn **et** est
ihr	frag **t** et	antwort **et** et	rechn **et** et
Sie	frag **t** en	antwort **et** en	rechn **et** en
er sie (Sg.) es	frag **t** e	antwort **et** e	rechn **et** e
sie (Pl.)	frag **t** en	antwort **et** en	rechn **et** en

Bilden Sie die Stammformen der Verben entsprechend dem jeweiligen Muster. **41**

I. antworten, antwortete, hat … geantwortet / wohnen, wohnte, hat … gewohnt

arbeiten, bauen, bilden, brauchen, dauern, fehlen, fertigen, fragen, freuen, führen, glauben, handeln, hängen, hören, kaufen, sich kümmern, legen, leiten, liefern, machen, meinen, passen, planen, prüfen, rechnen, reisen, sagen, schauen, schicken, sparen, spielen, starten, steigern, stellen, suchen, wählen, warten, zeigen, zögern

II. benötigen, benötigte, hat … benötigt

beschäftigen, bescheren, bestellen, beteiligen, betreuen, entschuldigen, entwickeln, ergänzen, erklären, sich erkundigen, erproben, erreichen, erzählen, erzielen, gehören, überholen, verdoppeln, vereinbaren, vergrößern, verkaufen, verkleinern, versuchen, verwechseln, verwenden, wiederholen

III. an/kreuzen, kreuzte … an, hat … angekreuzt

aus/dehnen, aus/führen, aus/füllen, aus/richten, sich aus/ruhen, aus/rüsten, bekannt machen, dar/stellen, ein/führen, ein/setzen, her/stellen, instand setzen, kennen lernen, nach/schauen, um/setzen, vor/stellen, zu/ordnen, zusammen/arbeiten, zu/schicken

IV. deklinieren, deklinierte, hat … dekliniert

existieren, experimentieren, formulieren, informieren, integrieren, interessieren, investieren, konjugieren, konzipieren, montieren, notieren, produzieren, realisieren, telefonieren

Bilden Sie Sätze im Präteritum. **42**

1. Diese Fragen / ihn / nicht interessieren.
2. Im Mai / er / noch / die Abteilung / leiten.
3. Letzte Woche / die Werbekampagne / starten.
4. Wir / sich entschuldigen.
5. Bis Januar / ich / in Düsseldorf / wohnen.
6. Er / diese Geschichte / immer sehr gerne / erzählen.
7. Wir / ihn / nach Frankfurt / schicken.
8. Die Sekretärin / im Katalog / nachschauen.

Präteritum (3)

INFINITIV	fahren	geben	rufen
ich	fuhr	gab	rief
wir	fuhren	gaben	riefen
du	fuhrst	gabst	riefst
ihr	fuhrt	gabt	rieft
Sie	fuhren	gaben	riefen
er			
sie (Sg.)	fuhr	gab	rief
es			
sie (Pl.)	fuhren	gaben	riefen

a – ie – a

ein/fallen, fiel ... ein, ist ... eingefallen
enthalten, enthielt, hat ... enthalten
erhalten, erhielt, hat ... erhalten
hinterlassen, hinterließ, hat ... hinterlassen
lassen, ließ, hat ... gelassen
raten, riet, hat ... geraten

a – u – a

fahren, fuhr, ist ... gefahren
verladen, verlud, hat ... verladen

ä – i – a

hängen, hing, hat ... gehangen

au – ie – au

laufen, lief, ist ... gelaufen

e – a – a

bestehen, bestand, hat ... bestanden
stehen, stand, hat ... gestanden
verstehen, verstand, hat ... verstanden

e – a – e

ab/geben, gab ... ab, hat ... abgegeben
geben, gab, hat ... gegeben
lesen, las, hat ... gelesen
sehen, sah, hat ... gesehen
vergessen, vergaß, hat ... vergessen

e – a – o

an/nehmen, nahm ... an, hat ... angenommen
nehmen, nahm, hat ... genommen
übernehmen, übernahm, hat ... übernommen
an/sprechen, sprach ... an, hat... angesprochen
entsprechen, entsprach, hat ... entsprochen
sprechen, sprach, hat gesprochen
empfehlen, empfahl, hat ... empfohlen
entwerfen, entwarf, hat ... entworfen
treffen, traf, hat ... getroffen

e – i – a

ein/gehen, ging ... ein, ist ... eingegangen
gehen, ging, ist ... gegangen

e – o – o

hervor/heben, hob ... hervor, hat ... hervorgehoben

ei – ie – ei

heißen, hieß, hat ... geheißen

ei – i – i

unterstreichen, unterstrich, hat ... unterstrichen

ei – ie – ie

entscheiden, entschied, hat ... entschieden
schreiben, schrieb, hat ... geschrieben
steigen, stieg, ist ... gestiegen
vertreiben, vertrieb, hat ... vertrieben

i – a – e

bitten, bat, hat ... gebeten

i – a – o

beginnen, begann, hat ... begonnen
schwimmen, schwamm, ist ... geschwommen

i – a – u

sich befinden, befand sich, hat sich ... befunden
trinken, trank, hat ... getrunken
verbinden, verband, hat ... verbunden

ie – a – e

liegen, lag, hat ... gelegen

ie – o – o

ab/biegen, bog ... ab, ist .... abgebogen
beschließen, beschloss, hat ... beschlossen
beziehen, bezog, hat ... bezogen
fliegen, flog, ist ... geflogen

o – a – o

kommen, kam, ist ... gekommen
vorbei/kommen, kam ... vorbei, ist ... vorbeigekommen

u – a – a

tun, tat, hat ... getan

u – ie – u

an/rufen, rief ... an, hat ... angerufen
zurück/rufen, rief ... zurück, hat ... zurückgerufen

Ergänzen Sie im Präteritum.

1. Er _____ (kommen) nach Deutschland.

2. Er _____ (sprechen) recht gut Deutsch.

3. Er _____ (verstehen) vieles.

4. Er _____ (lesen) deutsche Zeitungen.

5. Er _____ (sehen) deutsche Filme.

6. Er _____ (gehen) ins Theater und in die Oper.

7. Er _____ (vergessen) sein Land nicht.

8. Oft _____ (anrufen) er zu Hause

9. Er _____ (schreiben) oft nach Hause.

10. Im Januar _____ (fliegen) er zurück.

Präteritum (4)

sich aus/kennen, kannte sich … aus, hat sich … ausgekannt
erkennen, erkannte, hat … erkannt
kennen, kannte, hat … gekannt
denken, dachte, hat … gedacht
nennen, nannte, hat … genannt
sich wenden, wandte sich, hat sich … gewandt
bringen, brachte, hat … gebracht
wissen, wusste, hat … gewusst

Welche Personen passen? Kreuzen Sie an.

	ich	wir	du	ihr	Sie	er / sie / es	sie (Pl.)
dachte	X					X	
gab							
nahmen							
traft							
brachtest							
stand							
sahst							
hörten							
ließt							
kanntet							

Ankunft im Hotel

△ Guten Abend!

● Guten Abend! Mein Name ist Karitides. Ich habe ein Zimmer reserviert.

△ Herr Karitides, *ein Einzelzimmer mit Bad* für eine Nacht. Zimmer 107, im ersten Stock.

● Ich habe meinen Wagen *rechts neben dem Eingang* geparkt. Kann ich ihn da über Nacht stehen lassen?

△ Ja, aber wir haben auch noch Platz in der Tiefgarage.

● Ach, das ist nicht nötig. Ab wie viel Uhr ist das Restaurant geöffnet?

△ Unser Restaurant ist *durchgehend bis 24.00 Uhr* geöffnet. Und hier ist Ihr Schlüssel, bitte. Der Aufzug ist gleich rechts. Ich wünsche Ihnen noch einen schönen Abend!

● Vielen Dank!

---

45 **Ersetzen Sie die schräg gedruckten Elemente durch folgende.**

- ein Doppelzimmer mit Dusche
- ein Einzelzimmer mit Dusche und WC
- ein Doppelzimmer mit Alsterblick

- hier gleich an der Ecke
- in der Seitenstraße
- vor dem Hotel

- ab 18.00 Uhr
- von 18.00 bis 22.00 Uhr
- ab sieben

Problem mit dem Zimmer

△ Entschuldigen Sie bitte, haben Sie vielleicht ein Zimmer, das nicht so laut ist? Mit dem Lärm kann ich nicht schlafen.

● Ich schaue mal nach … Ich hätte noch ein Zimmer *im dritten Stock*, das geht *auf den Garten*, aber es hat *nur eine Dusche* und ist etwas kleiner.

△ Aber einen Fernseher hat es auch?

● Ja, selbstverständlich.

△ Gut, dann würde ich gern dieses Zimmer nehmen.

● Zimmer 309. Ich lasse Ihr Gepäck hinaufbringen.

△ Vielen Dank!

● Gute Nacht!

△ Gute Nacht!

Ersetzen Sie die schräg gedruckten Elemente durch folgende.

46

– im Erdgeschoss	– auf die Seitenstraße	– kein Bad
– auf der ersten Etage	– auf den Hof	– nur ein WC
– im Nebenhaus	– auf den Park	– nur ein kleines Bett

An der Hotelbar (1)

△ Schöner Tag heute, nicht wahr?

● Ja, endlich mal ein wenig Sonne. Das tut gut. Sind Sie schon länger hier?

△ Nein, ich bin *erst gestern* angekommen. Und Sie?

● Ich auch. Ich war noch nie in Dresden. Die Stadt soll sehr schön sein.

△ Ja, das stimmt, der Zwinger, die Semper-Oper … Es gibt viel zu sehen.

● Darf ich Sie zu *einem Glas* einladen?

47 **Ersetzen Sie die schräg gedruckten Elemente durch folgende.**

– erst heute Morgen
– am Montag
– gerade erst

– einem Bier
– einem Whisky
– einem Drink

An der Hotelbar (2)

△ Entschuldigung, haben Sie vielleicht Feuer?

● Ja, hier bitte.

△ Haben wir uns nicht schon mal gesehen? *In Berlin* vielleicht?

● Da war ich schon lange nicht mehr.

△ Oder in Wien?

● Das mag sein. Da bin ich öfter.

△ Sind Sie auch *in der Filmbranche?*

● Nicht direkt.

△ Wie wäre es mit einem Sekt?

Ersetzen Sie die schräg gedruckten Elemente durch folgende.

48

- in der Toskana
- in Zürich
- auf Sylt

- in der Modebranche
- in der Werbebranche
- im Hotelgewerbe

Humor

Sprachführer

Wir suchen ein Zimmer

Kann ich ein anderes (eine andere Art) Zimmer sehen? Haben Sie auch (vielleicht) ein Zimmer mit einem Bett (einer Tür, einem Fenster)? Gibt es ein Zimmer mit WC? Gibt es im Hotel ein WC? Irgendwo im Ort? Lassen Sie mein Klavier von der Gepäckaufbewahrung holen.

Umgang mit dem Hotelpersonal

Wer hat meine Handtücher benutzt? Was liegt dort auf dem Teppich? Wo sind meine Kleider? Wo ist mein Pyjama? Wer liegt in (unter) meinem Bett?

Julian Schutting

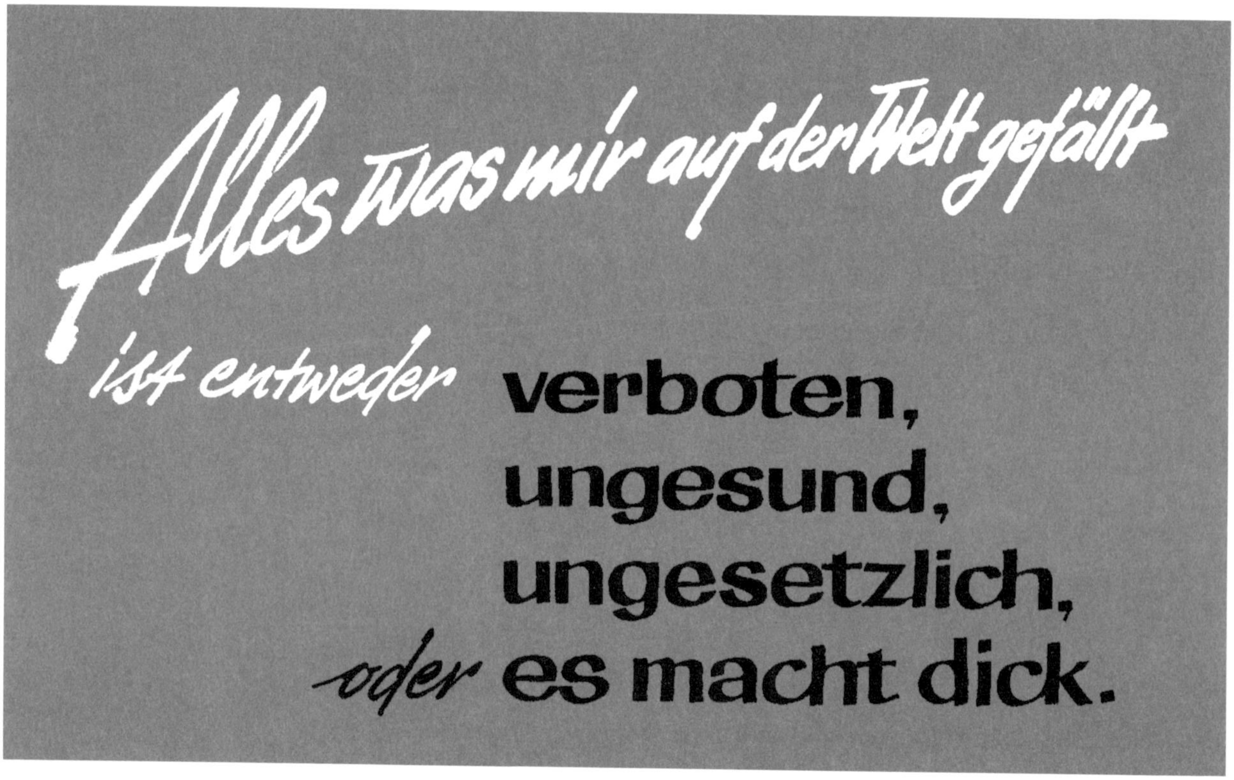

Alles was mir auf der Welt gefällt ist entweder **verboten, ungesund, ungesetzlich,** *oder* **es macht dick.**

49

Was ist Ihrer Meinung nach in Deutschland verboten und was wird als ungesund oder als unmoralisch betrachtet? Kreuzen Sie an.

	verboten	ungesund	unmoralisch
1. lügen			
2. falsch parken			
3. rauchen			
4. links fahren			
5. jemanden denunzieren			
6. gestresst leben			
7. seinen Ehepartner betrügen			
8. ruhestörender Lärm			
9. viel Alkohol trinken			
10. ein Ladengeschäft sonntags öffnen			

Denksportaufgaben

50

1 Sie haben zwei Sanduhren, eine von sieben und die andere von elf Minuten, und Sie wollen ein Gericht 15 Minuten lang kochen. Was machen Sie?

2 Sie haben zwei Kugelschreiber, einen billigen und einen teureren. Der teurere hat 10 DM mehr gekostet als der billigere. Für beide zusammen haben Sie 11 DM ausgegeben. Wie viel hat der billigere gekostet?

Konsonanten b-p; d-t; g-k

[b]	Schreibweisen: b, bb	bitte, Fabrik, Lobby
[p]	Schreibweisen: p, pp, b	Oper, Pappe, Typ, halb
[d]	Schreibweisen: d, dd	dürfen, oder, Caddie
[t]	Schreibweisen: t, tt, d	treffen, Rate, Mitte, Argument, Geld
[g]	Schreibweisen: g, gg	groß, Anzeige, Reggae
[k]	Schreibweisen: k, ck, g	Kassette, Faktor, Brücke, Betrag

Hören Sie und wiederholen Sie.

51

werben, …

Hören Sie und schreiben Sie.

52

Abend, …

53 Wörterrätsel

Wie heißen die Adjektive?

1. W_ _ H _ IG
2. B_ _ LIG
3. SCH _ I _ _ IG
4. G _ NS _ IG
5. ZU _ ER _ _ S _ IG
6. LEI _ T _ N _ S _ _ HIG
7. V _ EL _ EI _ IG
8. L _ S _ IG
9. _ AN _ WE _ LIG
10. SER _ EN _ _ SSIG
11. H _ CH _ ER _ IG
12. E _ N _ I _ AR _ IG
13. E _ NM _ LIG
14. TÜ _ H _ IG

1. PR _ _ _ TISCH
2. T _ CH _ ISCH
3. _ HEOR _ _ ISCH

4. T _ CH _ O _ O _ ISCH
5. Ö _ ONO _ ISCH
6. E _ E _ T _ ISCH
7. _ YNA _ ISCH
8. UN _ OR _ _ ISCH
9. Ö _ OLO _ ISCH
10. SO _ _ OLO _ ISCH

1. _ ROF _ S _ I _ NELL
2. _ RIG _ NELL

1. _ N _ O _ ATIV
2. AT _ RA _ TIV

1. WI _ T _ CH _ _ TLICH
2. U _ WEL _ FRE _ N _ LICH
3. S _ O _ TLICH

54 Silbenrätsel

Aus den folgenden Silben lassen sich acht zusammengesetzte Substantive bilden.

AN-BE-BE-BE-DIG-FACH-FLUG-FREUND-GE-GE-GNE-GROSS-KAM-KEIT-KEIT-KUM-LI-LICH-NUT-PA-PRES-PUB-RA-RAUM-REI-SCHWIN-SE-SE-TE-WACHS-WER-WER-ZEI-ZER-ZEUG-ZIEL-ZU

B		T	F	E
R		T	Z	E
W		E	Z	M
W		E	G	G

Test 5 / 6

1. Ergänzen Sie.

_____ Sie sich bei ihm, ob das Gerät sparsam im Verbrauch ist. (1)

Wir legen _____ auf eine sehr gute Qualität. (1)

Dieses Auto kann ich Ihnen besonders_____. (1)

_____ Sie vielleicht, ob er die Bestellung erhalten hat? (1)

_____ Sie an die Anschaffungskosten! (1)

2. Ergänzen Sie mit jemand.. / niemand.. / je / nie / irgendwo / nirgendwo.

War jemand da? - Nein, wir haben _____ gesehen. (1)

Sind Sie schon mal in Köln gewesen? - Nein, noch _____. (1)

Haben Sie meinen Stempel _____ gesehen? - Ja, aber ich weiß nicht mehr wo. (1)

_____ ist es so schön wie hier! (1)

Können Sie mir diese Marke empfehlen? - Nein, diese Marke kann ich _____ empfehlen. (1)

3. Ergänzen Sie das fehlende Adjektiv.

die _____ Produkte (Griechenland) (1)

die _____ Konkurrenz (China) (1)

die _____ Arbeitnehmer (Portugal) (1)

eine _____ Zeitschrift (Polen) (1)

der _____ Whiskey (Irland) (1)

4. Ergänzen Sie.

Er ist _____ Zeit verreist. (1)

Wir treffen uns _____ nächsten Montag. (1)

Er kommt _____ nächsten Monat. (1)

_____ Tag der Einheit wird nicht gearbeitet. (1)

Die Besprechung beginnt _____ 10.00 Uhr. (1)

5. Ergänzen Sie.

_____ Sie bitte die Bestellkarte aus! (1)

Das _____ beträgt 120 kg. (1)

Die Ausmaße sind: Länge 1,20 m, Breite 0,80 m, _____ 0,50 m. (1)

Wir können unseren Werbe_____ leider nicht erhöhen. (1)

Die Zuwachs_____ beträgt 3%. (1)

6. Bilden Sie Sätze im Präsens.

Wissen Sie, _____ ? (1)
(die Wartung übernehmen / wer)
Erkundigen Sie sich, _____ ! (1)
(am billigsten sein / welches Modell)
Ich weiß nicht, _____ . (1)
(dieses Konzept / richtig sein / ob)
Ich nehme ein Taxi, _____ . (1)
(wenig Zeit haben / ich / weil)
Fragen Sie ihn, _____ . (1)
(die Teile montiert werden / wann)

7. Ergänzen Sie mit einem Komparativ oder mit einem Superlativ.

Haben Sie keinen _____ (gut) Werbeslogan? (1)
Wir möchten eine _____ (hoch) Zuwachsrate erzielen. (1)
Er hat in den _____ (erfolgreich) Unternehmen gearbeitet. (1)
In den _____ (viel) Ländern versteht man Englisch. (1)
Brauchen Sie _____ (detailliert) Unterlagen? (1)

8. Ergänzen Sie.

Haben Sie von unser____ Schwierigkeiten gehört? (1)
Sprechen Sie mit Ih____ Mitarbeitern? (1)
Wir interessieren uns für sein____ Projekt. (1)
Das geht nicht ohne unser____ Werbeagentur. (1)
Er fährt zu sein____ Direktor. (1)

9. Ergänzen Sie mit den Formen der 2. Person.

Hat er _____ (du) sein altes Auto verkauft? (1)
Wie geht es _____ (ihr)? (1)
Ich empfehle _____ (ihr) dieses Modell. (1)
Ich schreibe _____ (du) nach meiner Geschäftsreise. (1)
Hat er _____ (ihr) gefragt? (1)

10. Ergänzen Sie mit den Formen des Präteritums.

wir _____ (dürfen) (1)
du _____ (sehen) (1)
er _____ (beginnen) (1)
er _____ (bitten) (1)
ich _____ (wissen) (1)

/ 50